Egyd Gstättner

Hansi Hinterseer rettet die Welt

Egyd Gstättner

Hansi Hinterseer rettet die Welt

... oder die Besteigung des Küniglberges

Satiren

AMALTHEA

Besuchen Sie uns im Internet unter:
www.amalthea.at

Umschlagmotiv: Martin Guhl
Schutzumschlaggestaltung: Silvia Wahrstätter vielseitig
Lektorat: Elisabeth Fleissner
Herstellung: WWproject
Gesetzt aus der 11,5/14 pt Caslon Pro
Gedruckt in der EU
ISBN 978-3-85002-830-1

Inhalt

Introitus

Vor 100 Jahren

Vor hundert Jahren wurde der »Fernseher« erfunden, jedenfalls das Wort.

1912 schrieb mein Vorgänger Egon Friedell in seiner Glosse den Satz: »Höchstwahrscheinlich steht uns die Erfindung des Fernsehers bevor.« Und weiter denkt er: »Der Schriftsteller wird zurücktreten, weil die Technik zu vollkommen entwickelt ist. (...) Gar nicht ausgeschlossen, dass es in hundert Jahren eine Art der publizistischen Wirksamkeit geben wird, die der Schriftstellerei an Eindringlichkeit, Vielseitigkeit und Beweglichkeit ebenso überlegen ist, wie das Buch und die Tageszeitung dem Kanzelredner und Wanderprediger ...«

Jetzt ist es hundert Jahre später, und es ist so weit. Leider. »Es ist möglich«, so Friedell, »dass die Dichtkunst mit der Zeit überhaupt verschwinden wird.« Vorbei die Zeit, als sie konkurrenzlos war – als Meinungsbildung, als Gewissensbildung, als Unterhaltung, als sie die Hoheit hatte über Nachtkästchen, Couch, Sofa und Diwan, als die Neuerscheinung eines Buches noch ein lange erwartetes Ereignis war, sozusagen ein »Medienspektakel«. Früher wurde Dichtung nur durch den Analphabetismus behindert, danach auch durch Kino, Radio, Fernsehen im Verdrängungswettbewerb besiegt, zuletzt außerdem durch neue elektronische Medien, von denen Friedell noch keine Ahnung hatte – und die die Menschen rund um die Uhr gebucht (!) haben.

»Damit ist aber keineswegs gesagt, dass die Dichter verschwinden werden«, so Friedell. Das stimmt: Eines wenigstens können und dürfen sie, was sie vor hundert Jahren nicht konnten: Fernsehkolumnen schreiben.

Egyd des Jahres

Leider wurde ich dieses Jahr nicht »Schriftsteller des Jahres«, und denkbar knapp auch nicht »Kolumnist des Jahres«, »Satiriker des Jahres« oder »Nicht-in-eine-Schublade-zu-Zwängender-des-Jahres«. Nicht einmal »Chefoutsider«, »Off-Scene-Messias« oder »Low-Budget-and-No-Lobby-Novelist of the year« sind sich ausgegangen. Denkbar knapp bin ich an einer Nominierung für den »besten Bundesländerroman in einem Hauptstadtverlag« vorbeigeschrammt.

Ich habe weder den Grammy, noch den Nestroy, noch den Oscar, noch die Mickey Maus für die Rolle des besten männlichen Nebendarstellers in »Report«, »les.art« oder »Bundesland heute« bekommen. »Frau des Jahres« war ja von vornherein ausgeschlossen. Der »Ehrenbernhard« für das »längste Satzgefüge des Jahres« wird ja leider – mit oder ohne Gala – noch ebenso wenig vergeben wie der »Winkler-Award« (für die meisten Partizipialkonstruktionen auf einer Seite) oder der »Streeruwitz-Award« (für die meisten Interpunktionen in einem Absatz), der »Qualti« für den grantigsten Gesellschaftskritiker des Jahres oder der »Andre« für die kryptischsten Fingerbewegungen während Interviews. Zweifelsohne hätte ich die alle eindrucksvoll abgeräumt und mich eine Glaskristallfigur schwenkend vor einer großen Festgemeinde freudestrahlend bei meinen Eltern bedanken können, bei meiner Frau, ohne die das alles nicht möglich gewesen wäre (bei der Gelegenheit: Küsschenküsschen!), bei all jenen – nennen wir sie: aufrechte Proseccokulturlobbyisten, die mit großem Wohlwollen und unermüdlicher blablabla ...

Über diverse Szeneeitelkeitsorgien und Selbstverchristbaumungen am Jahresende, über die Veroscarisierung und Verhollywoodisierung europäischer Kultur und Literatur könnte man getrost unbeteiligt hinwegsehen, wären solche Preisverleihungen und ihre Galas heute nicht reine Marktmachtinstrumente, mit der Teile der Branche mittels permanenter, aufdringlicher Selbstabfeierung auf sich aufmerksam machten und von denen sich auch sämtliche Medien erpressen lassen. Nicht nur beim bildenden Künstler sind die hin- und hergeschobenen Auszeichnungen mittlerweile viel wichtiger als die Zeichnungen (heuer zeichnet A B aus, nächstes Jahr B A: kulturelles Kommutativgesetz). Das Preisetragen ist viel entscheidender als das Werkeschaffen. Manch einer trägt seinen Preis wie einen Orden, nein, wie einen akademischen, nein, wie einen Amtstitel. Ohne das Präfix »XX-Preisträger« seinen Namen zu nennen, ist im Grund eine Ehrenbeleidigung. Es wäre kein Wunder mehr, würden in unserer Ära des superoberflächlichen Kulturkapitalismus im Werkverzeichnis nur noch die Preise angeführt! Nur Autounfälle sind noch karrierewirksamer. Es kommt allerdings schon drauf an, welche Marke man geschrottet hat. (Ein Japaner bringt nix! Nur Maserati, Lamborghini, solche Sonnenwägen!) Am anderen Ende der Oscar-Nacht stehen die »Stillen«, die dem »Druck nicht gewachsen sind« und sich vor den Zug oder aus dem Fenster stürzen. »And the loser is ...«

Valossn! Valossn! Um nicht gänzlich in Depression zu versinken, habe ich heuer zum ersten Mal die Wahl zum »Egyd des Jahres« veranstaltet. Nominiert waren außer mir noch der Heilige, der Vorderteil einer E-

Gitarre und der französische Fremdenführer, le guide. And the winner was – trara, trara & Trommelwirbel – ladies & Leserinnen, Egyd des Jahres wurde niemand Geringerer als – ich! Triumph! Ich habe es ja immer gewusst! Einmal würde ich es schaffen! Sollte ich mir gleich einen Glitzeranzug kaufen? Ich gratulierte mir herzlich. Ich dankte mir. Ich freute mich. Ich war total überrascht, aber auch überaus bescheiden und gab den (undotierten) Preis an mein Publikum weiter. So wurde ich noch sympathischer, und standing ovations waren mir sicher.

Ich versprach meinem Publikum, dass mir die hohe Auszeichnung nicht zu Kopf steigen, sondern dass ich hart weiterarbeiten würde, um auch im kommenden Jahr wieder Egyd des Jahres zu werden.

Prophet Hinterseer

Die Ferienwoche nutzte ich zum Jahresrückblicksurfen auf verschiedenen Kanälen. Lasset euch sagen: Es deprimierte mich sehr! Schreckliche Finanzkrise! Schreckliche Wirtschaftskrise! Schreckliche Finanzwirtschaftskrise! Schreckliche Politbankdebakel! Schreckliche Buschbrände und Erdbeben! Schreckliche Spitzelakten, Flugzeugabstürze, Stadtarchiveinstürze und Klimagipfeleinstürze! Schreckliche Mittelschulamokläufe, Kellerkerkerausräumungen, Hochzeitsmassaker und Blutbäder! Schreckliche Provisionsschinderei, Spesenritterei und Korruption! Schreckliche menschliche und gesellschaftliche Verwahrlosung mitsamt Gewaltexzessen, außerdem Neonazistöraktionen! Schreckliche, schwere Unruhen in Gottesstaaten, außerdem wilde Proteste gegen schreckliche Unterrichtsminister!
Ist die Welt zum Jahreswechsel also ganz verloren? Noch nicht ganz! Denn zu uns Elenden und Verschreckten spricht von hoch oben auch der Prophet Hinterseer! Und was kündet er uns mit der Ziehharmonika vor der Brust? Hansi, der Hinterseer sagt: »Wenn ich von einem Berg hinunterschaue, die Sonne und das Wasser sehe, dann fühle ich, dass die Welt heilbar ist.« (Wort des lebendigen H.) Dank sei H.! Bärig! Tja, meine Lieben! Das Wesentliche ist für den Fernseher unsichtbar. Man sieht nur mit dem Hinterseer gut!

Publikumslieblinge

12. Februar

Ist es Ihnen aufgefallen? Erfinden kann man so etwas nicht! Der 12. Februar wird in die Geschichte eingehen. Der negativste und der positivste Österreicher in der Geschichte der Republik (beide haben als Nachnamen einen Vornamen) haben denselben Todestag! *Der* Negativösterreicher Thomas Bernhard und *der* Positivösterreicher Peter Alexander haben beide am 12. Februar dieses Land (und diese Welt) für immer verlassen – davon erholt es sich nimmermehr.
Gut: Der Positivösterreicher ist 84, der Negativösterreicher bloß 58 Jahre alt geworden. Aber der könnte argumentieren, dass er sich 26 Jahre Leben/Leiden und »Verschlimmerungsprozess« (T. B.) erspart hat. Gerade in den letzten Jahren seines Lebens ist dem armen, armen Positivösterreicher das Positive leider ziemlich vergangen. Die schlimmsten, niemals besungenen, niemals heraufbeschworenen Befürchtungen sind Wirklichkeit geworden. Das Schlimmste ist, wenn einem der Lebensmensch stirbt, und das Schlimmste ist, wenn einem das Kind stirbt. Viel darf man vom Schicksal ja nicht verlangen, weder Ruhm, noch Erfolg, noch ein 40-Millionen-Publikum, aber das muss man vom Schicksal verlangen können, dass man stirbt – und seine Kinder leben. Als wäre die Orpheussituation nicht traurig genug gewesen! »Hier ist kein Mensch mehr!«, muss Peter Alexander sich zuletzt gedacht haben. »Steck dir deine Sorgen an den Hut« hat er nicht mehr gesungen. Über sein Schweigen am Lebensende ist viel geschrieben worden, aber nicht, wie viel Weltekel darin gesteckt haben muss! Ich kann mir gut vorstellen, dass

er zuletzt eher »Alte Meister« (der Roman vom Tod des Lebensmenschen) oder »Auslöschung« gelesen hat. »Ich möchte nicht in der Zukunft leben müssen!« »Nach meinem Tod darf nichts mehr von mir veröffentlicht werden, worunter auch Briefe und Zettel zu verstehen sind ...« Wer ist jetzt wer – und was ist von wem? Gegen Lebensende hin haben sich Negativösterreicher und Positivösterreicher angenähert. Das Schicksal setzt den Hobel an und hobelt's beide gleich ...; gewöhnlich enden also auch die großen Optimisten tragisch, und Peter Alexander erhielt in »Heldenplatz« – unter dem Pseudonym *Professor Robert* sogar eine Gastrolle: »Ich protestiere nicht / ich protestiere gegen nichts mehr / alle Proteste verbieten sich am Lebensende ... ich will meine Ruhe haben ... das ist schließlich mein Lebensabend / und der ist schon gleich zu Ende ... da müsste man ja ununterbrochen / Tag und Nacht protestieren / denn überall wird alles vernichtet / überall wird die Natur vernichtet / die Natur und die Architektur – alles / bald wird alles vernichtet sein / die ganze Welt wird bald nicht mehr wiederzuerkennen sein ... ich unterschreibe schon so viele Jahre nichts mehr / ich protestiere schon Jahrzehnte gegen nichts mehr ... ich weiß genau, was los ist / aber ich lasse mich nicht mehr darauf ein / ich will mich nicht mehr darauf einlassen / das kann man von mir nicht mehr verlangen / ich bin ein alter Mann, das ist keine Entschuldigung / aber ich kann doch Verständnis erwarten oder nicht«. Doch, lieber Peter Alexander, doch, doch! Die Wirklichkeit ist so schlimm, dass sie nicht besungen werden kann! Und im Angesicht des Todes ist alles lächerlich, Pedro, alles!

In hora mortis: zwei Riesenösterreicher, die sozusagen die Skala des Möglichen in diesem Land aufgespannt haben, jeder an einem Ende: der Meister des Trostes und der Meister der Trostlosigkeit. Und – Ironie des Schicksals: So weit sie auch entfernt waren, kommen die Todestagsgenossen am selben Friedhof, dem in Grinzing endgültig und für immer zusammen. Tu infelix Austria: Es wird ein Grinzing sein, und wir werden nicht mehr sein ...

Waltz und Rapp

Es ist 2.48, da meldet sich die innere Stimme von Peter Rapp: »Was hat der Waltz, das ich nicht hab?« Gleich antwortet die zweite innere Stimme: »Naja, du hättest Österreich schon frühzeitig verlassen und nach Berlin und London ziehen müssen! Weißt du, wie in Berlin und London die Wiener Schnitzel und die Leberknödelsuppen schmecken? Ich sag's dir: Wääähhhh! Und ORF gibt's dort auch keinen!

Und du hättest halt einen diabolischen SS-Mann spielen müssen – und vorher Roy Black! Bei der Oscar-Verleihung ›Ganz in Weiß‹ singen müssen. Dank dir wüsste die Welt dann, wie Roy Black heute aussehen würde.« – IS 1: »Aber die Penelope hätte mich geküsst!« – IS 2: »Aber bloß auf die Wange. So richtig in den Kopf gebissen hätte sie dir nicht, um mit Garfield zu sprechen. Jetzt müsstest du dich sinnlos von Party zu Party treiben lassen und anschließend Sigmund Freud spielen. 17 Jahre Kieferkrebs, und dann – gewissermaßen vom diabolischen SS-Mann vertrieben – nach London! Wieder keine Wiener Schnitzel! Wääähhh! Ich werde den Freud ablehnen! Ich werde den Freud nicht spielen! Tröste dich, Peter: Tobias Moretti und Günther Tolar haben nicht einmal für ihre Darstellung von Adolf Hitler einen Oscar bekommen!«

Es ist 2.49, und da schläft Peter Rapp friedlich vor dem Bildschirm ein.

(IS 1: Innere Stimme 1; IS 2: Innere Stimme 2)

Bankier Bockelmann: »Was sagen die Leute auf der Straße draußen? Wird es Krieg geben?« – Chauffeur: »Ich weiß nicht.« – Bankier (mit schreckstarrem Gesicht): »Das ist kein gutes Zeichen ...« Das hat schon was von Dostojewski! So viel habe ich über diese Zeit gelesen. Dank der Fünf-Sterne-Jahrhundertsaga weiß ich jetzt endlich wirklich, wie es vor dem Ersten Weltkrieg war!

Großes Kino (wenn auch bloß im TV)! Thomas Mann! Tolstoi! Bockelmann! Buddenbrooks. Krieg und Frieden. Aber bitte mit Sahne. Man kann die Gesamtwirkung und die Aura eines deutschen Schlagerstars in ihrem ganzen Umfang erst ermessen, wenn man das Schicksal seines Großvaters in den Wirren des Ersten Weltkriegs kennt – und die Wirrungen des Vaters im Zweiten. So erhellt sich auch sein eigenes Heldendrama, sich gegen den Schrott der Plattenfirmen zu wehren (z. B. »Roter Wein aus Portofino«) und musikalisch das durchzusetzen, was er selbst ist und eine ganze Generation und Nation bewegt (z. B. »Merci Chérie«, »Siebzehn Jahr, blondes Haar«, »Was ich sagen will, sagt mein Klavier« ...). Naja.

Interessieren würde mich jetzt schon: Was hat der Großvater von Freddy Quinn gemacht? Was der Großvater von Karel Gott? Was die Großväter von Lordi und Ruslana? Was die Großväter von Roberto Blanco und Mireille Mathieu?

Bildung

Nicht Animosität, nicht Aversion, nur das Unwidersprochene zieht mich hinan. Und es war eben wieder einmal Udo Jürgens, der in einem Interview gesagt hat: »Mein Publikum ist durch die Bank nicht ungebildet!« Der andächtige Journalist ist nickend zur nächsten Frage übergegangen. Ich hätte sofort zurückgefragt: Woher wissen Sie denn das? Gibt's an der Kassa Eignungsprüfungen? Muss man sein Maturazeugnis mitbringen? Ui, dann müssten aber einige Politiker, die sich als Ihre Fans deklarieren, leider draußen bleiben ... Wird man, bevor man zu Ihrem Konzert darf, nicht bloß von Security-Leuten, sondern auch von einem Security-Philosophen perlustriert?
Oder war Ihr Statement einfach eine »captatio benevolentiae?« (Übrigens: Weiß Ihr Publikum, was das heißt?) Ist Latein noch zeitgemäß und was halten Sie von der Zentralmatura? Von Multiple-Choice-Test-Bildung? Ist das normierte Kreuzerlmachen nicht gleichzeitig Ende des Alphabetismus und Anfang des Analphabetismus? Ach ja! Der Vorhang zu und alle Fragen offen. (Weiß Ihr Publikum übrigens, von wem das ist?)
Wenn ich so indiskret sein darf: Mein Publikum war in »Deutsch« nie schlechter als »Befriedigend« – außer der Professor ist ihm aufgesessen. Dann lautete die Parole: »Widerstand!«
Das führt uns, Herr Prof. h. c., zur zentralen Frage: »Was ist Bildung? Ist Bildung nicht das, was übrig bleibt, wenn alles andere vergessen ist?«

Wetten, dass ...?

»Wetten, dass ...?«, die Wärmestube alternder deutscher Tennisspieler, war wieder am Programm. Das Format stammt aus einer Zeit, als das Wort Format eine Bedeutung hatte, die heute weitgehend in Vergessenheit geraten ist.
Die Sendung begleitet schon drei Generationen durchs Leben: Meine Eltern kannten sie. Ich kenne sie. Meine Kinder kennen sie. Immer war der Fernseher eingeschaltet. Aber interessanterweise hat nie jemand zugeschaut: Der Vater legte Patiencen. Die Mutter studierte Kochbücher. Ich beschäftigte mich mit meiner Freundin oder meiner späteren Frau. Die Tochter spielt mit ihren Barbiepuppen oder Nintendo und erschafft irgendwelche virtuelle Kreaturen, hauptsächlich natürlich next Topmodels. Wirklich auf den Bildschirm schauen nur unsere beiden Kaninchen.
Der Fernseher läuft einfach, weil er zur Familie gehört, und weil es unhöflich wäre, ihn auszuschalten. Aber ich bin so ignorant, dass ich kein Interesse für das Privatleben deutscher Wimbledonsieger von 19irgendwas habe. Könnte der ORF nicht wenigstens während des elendiglichen Beckersmalltalks ausblenden und etwas Eigenes senden? Meinetwegen das Testbild! Ich habe es satt, ein Nebenmarkt zu sein!
Bei der letzten Ausgabe gab es übrigens noch einen schweren Fehler! Ist er Ihnen aufgefallen? Ohne einsichtigen Grund gab es keinen Auftritt von Peter Maffay.

Gottschalk!

Kaum ist der griechische Premier zurückgetreten, gibt es auch schon einen neuen. In Italien geht's ebenso. Sogar ein ÖVP-Obmann lässt sich im Fall der Fälle über Nacht austauschen. Wirklich schwer zu ersetzen aber ist ganz ein anderer, und seit einem Jahr hat die westliche Welt kaum noch ein anderes Thema: Wer wird der neue »Wetten, dass ...?«-Moderator?

Das Anforderungsprofil ist heikel: Der Smalltalkaholic muss mit Schauspielerinnen, Modeschöpfern, Models und Fußballern über nichts und wieder nichts plaudern können, Wettangebote vorlesen, die ihn selbst am allerwenigsten interessieren, und die Musik seiner Enkel ansagen. Außerdem jede Sendung ein paar Augenblicke schweizerln und nasal wienerln und nuscheln wie Hans Moser.

So ein Mann ist schwer zu finden. Manche meinen, man sollte »Wetten, dass ...?« einstellen. Manche plädieren dafür, das ganze ZDF zuzusperren oder das Fernsehen schlechthin rückgängig zu machen. Wenn schon Lagerfeuer, dann richtig. Ich denke, Gottschalk lässt sich überhaupt nur durch Gottschalk ersetzen, das heißt, durch ein Gottschalk-Double. Man sollte in Deutschland einen Gottschalk-Imitationswettbewerb veranstalten, wie es die Elvis-Fans in den USA praktizieren: Germany's next Top-Gottschalk. Apropos: Hans Moser selbst wurde bei einem Hans-Moser-Ähnlichkeitswettbewerb einmal Dritter ...

Nichts am Freitag

Mein bester Freund ist weg! Einfach abgehauen. Einfach so. Er heißt Michael Niavarani. Ich habe ihn nie persönlich kennen gelernt – aber wer kennt in Zeiten wie unseren seinen besten Freund schon persönlich? Man muss schon froh sein, wenn man überhaupt einen hat! Seine Feinde bekommt man ja auch nicht mehr zu Gesicht. Die sitzen unsichtbar irgendwo in irgendwelchen Kuben aus Glas, Chrom und Stahl, hecken irgendwelche Gemeinheiten aus, intrigieren einen ins Abseits und mobben einen ins Out. Der Vorteil, wenn man seine Freunde nicht kennt, ist, dass man nicht mit ihnen streiten kann. Daran zerbrechen ja die meisten Freundschaften. Niavarani (wir sind per Sie) war sehr beschäftigt. Viel Zeit hatte er nie für mich. Aber am Freitagabend immer. Wir hatten viel Spaß miteinander. Er hat mich gelehrt, jedes Phänomen zwischen Himmel und Erde dahingehend zu überprüfen, ob es als Ding der Woche taugt. Er hat mich gelehrt, dass man sich von einem Peter-Alexander-Imitator wegen seiner Nutellasucht aufziehen lassen kann, ohne gleich auszuzucken. Menschlich sehr berührend. Und zum »Traumschiff« hat er »Bettnässer« assoziiert, der König der Kalauer! Was haben wir gelacht!

Und letzten Freitag steht er einfach auf und sagt: »So. Sommerpause. In zwei Monaten sehen wir uns wieder!« Ja, darf man das als bester Freund? Ich bin entsetzt. Jetzt stehe ich vor dem Nichts. Zumindest am Freitag.

Büchergutschein

Es gibt Freitage, an denen auch die österreichische Paradekabarettformation, die Hektiker, vor halbleeren Sälen auftritt. Konnte das Publikum ahnen, dass 38 Euro Eintritt zu teuer sind für zehn Jahre alte, in Routine erstarrte Gags, Sketches und Parodien, die man schon vor Äonen im Fernsehen konsumieren konnte? Nein. War die Generalprobe des Musikantenstadls eine zu große Konkurrenz? Wohl kaum. Andere Zielgruppe. Viktor Gernot und Florian Scheuba waren eine übermächtige Konkurrenz für sich selbst. Denn während sie sich live zum x-ten Mal wiederholten, waren sie gleichzeitig, wenn auch aufgezeichnet, im Fernsehen bei »Was gibt es Neues?« neu und spritzig und witzig: Ein neuer Beleg für die alte These, dass das Fernsehen nicht nur viel, viel billiger, sondern auch viel, viel besser als die Wirklichkeit ist. Man ist stets enttäuscht, wenn man Menschen kennen lernt, die man nur aus dem Fernsehen kannte: Sie sind in Wirklichkeit kleiner und dicker, älter und langweiliger, von den Hautunreinheiten einmal ganz abgesehen.

»Was gibt es Neues?« jedenfalls halte ich für eines der ganz wenigen wirklich gelungenen Formate im ORF: Es war auch schon alt, musste nicht eigens herbeireformiert werden. Und Kultstatus hat die Sendung für mich schon, weil es 300-Euro-Büchergutscheine zu gewinnen gibt. Sensationell! Wo findet man das sonst noch?

»Hurenkind«

Eines der großen Ziele meines Lebens ist es, einmal einen 300-Euro-Büchergutschein zu gewinnen. Deshalb habe ich dem Rateteam von »Was gibt es Neues?«, wie viele andere Österreicher auch, eine Frage gemailt. Sie lautete: »Was ist ein Hurenkind?«. Seither verfolge ich gespannt jede Sendung, aber meine Frage kommt und kommt nicht.

»Solch ordinäre Sachen«, erklärt meine Nachbarin, Frau Wegscheider, »scheiden die sicher aus.« – »Aber woher denn! Der Niavarani und die Marold schweinigeln doch unentwegt! Letztens wurde gefragt, was ein ›Hofschlauchührer‹ ist, und Nia hat im ›Kulturnagel‹ den ›Zipfel von Holender‹ vermutet.«

»Ja«, gab Frau Wegscheider zurück, »aber ein Hurenkind ist doch ganz etwas anderes!« Genau: Beim »Hurenkind« handelt es sich nämlich um einen Spezialbegriff aus der Setzer- oder Druckersprache. Der Setzer spricht von einem »Hurenkind«, wenn ein Absatz auf der ersten Zeile einer neuen Seite endet. Das ist schriftbildlich unschön und soll vermieden werden. Analog dazu gibt es auch den »Schusterbub(en)«: Davon spricht man, wenn ein neuer Absatz auf der letzten Zeile einer alten Seite beginnt.

Trotzdem wurde meine Frage nicht gestellt. Dabei wollte ich nur für mein neues Buch Werbung machen, in dem es weder Schusterbuben noch Hurenkinder gibt.

Publikumsliebling

Mirjam Weichselbraun ist ein Publikumsliebling. Denn sie ist zuckersüß und superlieb und zauberschön, und deswegen darf sie die »Dancing Stars« moderieren. Hat sie die »Große Chance« nicht auch schon moderiert? Und den Opernball? Und die Song-Contest-Quali? Mirjam W. moderiert im Grund alles, was sich bewegt. Und deswegen darf sie auch werben, und zwar für denselben Supermarkt wie James Bond. Sie, die Castingshowmoderatorin, wurde selber nicht gecastet, jedenfalls nicht in einer Castingshow, in aller Fernsehöffentlichkeit. Wir lernen: Ein Publikumsliebling wird nicht vom Publikum ausgesucht. Er wird ihm vorgesetzt.

Wer war eigentlich vor Mirjam? Genau, Arabella K. Die war auch einmal blutjung und langbeinig und zauberschön. Und wer war die Vorvorzauberschöne? Keine Ahnung mehr! Sind im Lauf der Zeit eben etwas weniger zauberschön und daher plötzlich weg gewesen! Sind nicht zurückgetreten. Haben sich nicht verabschiedet. Wurden einfach kommentarlos abserviert und ausrangiert. Ehe das Publikum bemerken konnte, dass der Publikumsliebling fehlte, war er auch schon vergessen und ersetzt. Wir lernen: Eine Karriere wird von wenigen gemacht. Und sie wird auch von wenigen wieder beendet. Gesichter sind eben schnell verbraucht, liebe Verbraucherinnen und Verbraucher!

Clarissa Stadler war eine der ganz wenigen, die sich in ihrer letzten Sendung kurz und bündig verabschieden durfte. Ihre »neuen Aufgaben« wurden schon nicht mehr näher erläutert. Das heißt: Sie war kein Publikumsliebling. Wie auch – in der Kultur?

Pax für Fux

Manche Zufälle sind so kurios, dass die Gedanken daran unwillkürlich hängen bleiben: etwa, wenn ein Schauspieler stirbt und am selben Tag im Fernsehen nochmals stirbt. Herbert Fux ist das nun passiert: Ausgerechnet an seinem Todestag wurde er in der jüngsten Folge von »Pfarrer Braun« ermordet.

Der Zuschauer sah den Klosterbruder, den Fux verkörperte, nicht nur ausführlich sterben. Man sah ihn auch aufgebahrt und sein unbewegliches Gesicht in Großaufnahme. Einerseits wusste man: Das ist gespielt. Das ist nicht echt. Der steht gleich wieder auf. Andererseits musste man nur den Teletext zuschalten, um zu wissen: Das ist echt. Der steht nicht wieder auf. Herbert Fux ruht in Frieden. Eine so aktuelle In-memoriam-Sendung hat es in der gesamten Geschichte des Fernsehens noch nicht gegeben, fast eine Live-Sendung, wenn das Wort hier nicht so geschmacklos wäre: Aber derartige Paralleltode gehören zum Berufsrisiko von Schauspielern.

Vor zwanzig Jahren hat sich Helmut Qualtinger bei den Dreharbeiten zu Umberto Ecos Klosterkrimi »Der Name der Rose« eine tödliche Krankheit zugezogen – und jetzt hat es Fux bei der Parodie erwischt. Da kann man jungen Schauspielern nur den guten Rat geben: Hüte dich, bei Klosterkrimis die Leiche zu spielen! Es könnte deine eigene sein.

Biene für Lugner

Die Wiener U-Bahn-Zeitung »Heute« sucht für den großen ATV-Fernsehstar, den »Mörtel-King« und »Bagger-König« Richard Lugner (76), nach seinen gescheiterten, unglücklichen Beziehungen zu Mausi, Hasi, Käfer und Bambi nun eine »flotte Biene«, die wirklich zu ihm passt.
Der Bericht hat mich so berührt, dass ich mich noch in meinem Wiener Hotelzimmer schlaflos im Bett wälzte, schließlich mitten in der Nacht wieder aufstand und eine Liste mit möglichen »lugnerischen Traumfrauen« erstellte, die Richard Lugner (76) »in den siebenten Liebeshimmel entführen« könnten.
Also, lieber Herr Lugner, da wäre einmal Kandidatin Nummer 1: Lotte Tobisch. Nein? Dann eben Lotte Ingrisch (mit der können Sie sich sogar im Jenseits noch weitervergnügen!). Oder: Erni Mangold. Außerdem hätten wir für Sie Annemarie Berté. Monika Lindner. Johanna Dohnal. Elisabeth T. Spira. Elisabeth Gehrer. Anneliese Rothenberger. Freda Meissner-Blau. Hilde Sochor. Edith Klinger. Elisabeth Waldheim. So, lieber Richie (76), wer soll dein Herzblatt sein? Einfach casten! Einfach zugreifen! Die Unter-Vierzigjährigen lass bitte uns Unter-Fünfzigjährigen!

Aura

»Was soll ich machen? Die Frauen stehen auf mich! Kaum war die Beziehung mit Bettina vorbei, die daran gescheitert ist, dass sie sich für den größeren Star als mich hielt, ist schon wieder eine 20-jährige per Sms sehr direkt geworden! Es ist die Aura, die ich verströme. Das wirkungsvollste Aftershave ist seit jeher der Erfolg. Ich bin halt berühmt. Jeder kennt mich. Das törnt Frauen irgendwie an. Ich mach eben nur, was mir Spaß macht. Das ist sexy. Ich hab mir einen Hometrainer gekauft und mache jedes Jahr eine Meyer-Kur. Bei Laune hält mich der Appetit auf Sex ...«
Dieses bemerkenswerte Zitat stammt nicht von Brad Pitt, Pierce Brosnan oder Johnny Depp. Dieses Zitat stammt von Herrn Richard Lugner, 76, jener Gespenstergestalt, die schwarz wie das Ableben Woche für Woche nicht zum Kaiser vorgelassen wird, obwohl er doch genauso lächerlich wäre wie alle übrigen Gäste. Seit Herr Lugner das Wort »Aura« in den Mund genommen hat, bedeutet es nachweislich genau überhaupt nichts mehr! Daher an dieser Stelle ein scharfer Protest an alle Frauen des Landes, die auf Herrn Lugner stehen: Ihr beleidigt den Rest der männlichen Menschheit!
Torbergs Tante Jolesch sagte: Alles, was ein Mann fescher als ein Aff' ist, ist ein Luxus. Mag sein. Aber alles, was er peinlicher als ein Aff' ist, macht ihn noch nicht zum Depp. Nur zum Trottel.

Die Masse macht's

Vor der Generalprobe der »Starnacht am Wörthersee«, dem Weltfestival der plastischen Chirurgie, betritt der glitzernde Alfons Haider die Bühne der Werzer Arena und instruiert sein Publikum: »Wir zeichnen auf für den Fall, dass morgen schlechtes Wetter ist. Dann senden wir einfach die Generalprobe. Falls Sie neben jemandem stehen, neben dem Sie im Fernsehen nicht gesehen werden wollen, gehen Sie jetzt weg!«

Wie lenkt man eine Masse? Wie macht man es, dass die Masse macht, was man will? Haider beschreibt den Weg der Welle: Die Welle funktioniert.

Haider: »Wir lieben die ...«;

Masse: »STARNACHT!!!«

Haider: »Linke Tribüne: Jubeln & trampeln!« (Linke Tribüne folgt brav.)

Haider: »Rechte Tribüne: Jubeln & trampeln!« (Rechte Tribüne folgt brav.)

Haider: »Parkett: Jubeln & trampeln!« (Parkett folgt brav.)

Haider gibt ein Klatschkommando. Das Massenklatschen funktioniert.

Haider: »Klatschen aus!« (Klatschen hört abrupt auf.)

Haider: »Wir lieben die ...«

Publikum: »STAR-NACHT!!!«

Haider: »Ihr seid ein Superpublikum hier in Kärnten! Ich heiße wie?«

Publikum: »ADOLF! Äh, Alfred. Äh, Alfons.«

Haider: »Gut, Masse! Und wie noch?«

Publikum: »HAIDER!«

Haider: »Genau.«

Auf der Flucht vor AA

Wer ist der Obercoolste im ganzen Land? Oliver Polzer wird er genannt. Und neben ihm am Sozius: Assinger Armin, Rustikus.
So beobachtet bei der Olympischen Herrenabfahrt. Polzer fragte sich, uns oder AA: »Wie fokussiert ist Didier Cuche?« (Schwer zu sagen; Gegenfrage: Waren Sailer und Klammer damals auch schon »fokussiert«, und wenn ja, wie sehr?) Mir scheint, der Schisport macht keine so enormen Fortschritte wie die Schisportkommentierwissenschaft im Bestreben, Gewöhnliches ungewöhnlich auszudrücken.
Nicht ganz so avantgardistisch hingegen Assinger: »Jo hallo! Wos isn do los? Dos gonze Defreggentol wird die Dauman holtn!« Also schnell umgeschalten, und wer ist am Zweierkanal? Armin Assinger! Millionenquizmaster! So gewinnt man jedes Quotenduell, wenn man nur sich selbst als Gegner hat. (Außerdem verdient man für zwei gleichzeitige Arbeiten auch doppelt!) So ungefähr stelle ich mir Staats-TV in Nordkorea vor!
Auf der Flucht vor Assinger & Polzer nochmals umgeschalten, ARD, das gleiche Rennen, im Vergleich geradezu gefühlvoll kommentiert. Im Flashinterview beglückt Walchhofer Deutschland: »I bin a Schifora, der muass wolln müassn. Sunst geht nix!« Kurzum: ein Debakel!

Was trägt ein richtiger (»gestandener«) Kärntner auf dem Hals?

a) erhobenes Haupt
b) Denkerstirn
c) Dickkopf
d) Eisenschädel.

Was sollte man bei einer Wörtherseeradumrundung sicherheitshalber immer mit sich führen?

a) Verbandszeug
b) Pfefferspray
c) Mittelfinger
d) Anwalt.

Wie radelt man zu zweit?

a) hintereinander
b) nebeneinander
c) übereinander
d) als »gehörte einem die ganze Welt«.

Was sagt man, wenn man von einem Holländer wegen verkehrswidrigen Verhaltens zur Rede gestellt wird?

a) Leck Fcttn!
b) Schlag den Raab!
c) Endemol nochamol!
d) Get movin'! (Schleich di!)

Wie beschimpft man holländische Touristen am wirkungsvollsten?

a) Du Heitinga!
b) Du de Jong!
c) Du van Bommel!
d) Du Huntelaar!

Wen holt man, wenn sich zwei Polizisten prügeln?

a) die Polizei (San se gonz sicha?)
b) zwei Helfer vom Zentrum für seelische Gesundheit
c) ORF-Generalintendant
d) Faschingsgeneralintendant.

Als Telefonjoker wählt man am besten:

a) den Zahnarzt
b) den Augenarzt
c) den Notarzt
d) den Therapeuten?

Was sagt man, wenn man einem österreichischen Fernsehquizmaster ein blaues Auge verpasst hat?

»Damit hätten Sie jetzt aber nicht gerechnet!«

Wenn Männer kochen

Zwei Männer können vieles miteinander tun: Sie können einander in zwei Ecken eines Boxrings hängend mit gefletschtem Zahnschutz Angst einjagen, diesseits und jenseits des Netzes des Centre Courts von Wimbledon Tennisbälle zuschießen, nebeneinander in der Startaufstellung von Silverstone stehen, am runden Tisch mit Phrasen aufeinander losgehen und sich neuerdings auch am Standesamt das Jawort geben.

Aber eigentlich gehören Männer hinter den Herd: Da kommt das Maskuline erst so richtig aus dem Männlichen heraus. Dort, wo die Männer am männlichsten sind, in Tirol, leben in einer postmodernen Glashausküche inmitten der Natur die Frischköche Andi und Alex, einer mit Falco-Frisur, beide außerdem Meister im Parallelplappern, und kochen für die lieben daheimgebliebenen (Frauen). Andi bereitet Gemüsestrudel mit Schnittlauchrahm zu (»Geh bitte, spritz mi net dauernd an!«), Alex serviert Limettenparfait, gegrillte Früchte und Piña Colada (»mit Ckocktailckirsche, Weltcklasse!«). »Aber esch gibt von der Frische her ckein herrlicheresch Schommerdeschert als ein Bananatschou.« Leider können Andi & Alex ihre Delikatessen nicht aus dem Bildschirm herausreichen. Aber dafür müssen sie auch selber abwaschen! »Dasch Wichtigschte isch immer der Geschmack!« Eben.

Über Karlich

Unlängst hat Barbara Karlich ihre 1500. Sendung gefeiert. Dazu heute ein Geständnis: Ich habe keine einzige gesehen. Versäumt habe ich daher zum Beispiel: Opa, such uns eine Oma! Oder: Du bist zu dick für den Laufsteg. Bin ich. Das gebe ich zu. Aber ich habe um 16.00 zum Glück nie Zeit.
Versäumt habe ich außerdem: Mein Partner kann nicht exotisch genug sein! Ich habe Kontakt zu meinem verstorbenen Mann. Schwiegermutter, halt dich bitte raus! Über dich zerreißt sich der ganze Ort den Mund! (Na hoffentlich!) Ich lebe für meinen Schlagerstar. Mein Sohn ist schwul, was jetzt? Du Provinzler! Am Land versauerst du! (Seufz! Seufz!) Sind Blondinen wirklich dumm? Hilfe, meine Frau will noch ein Kind von mir! (Aber welches?) Männer haben Angst vor mir! Priester haben doch auch Gefühle! Ich will nicht arbeiten gehen (stimmt!). Alle wollen nur meinen Körper! (Stimmt nicht.) Der Kaiser hat mich bei der Audienz mit meinem Exmann getratzt, die baldige Geburt meines Kindes als Wurf bezeichnet ... und noch 1486 andere Probleme.
Daher gelobe ich an dieser Stelle hoch und heilig: Ich werde die »Barbara-Karlich-Show« auch weiterhin gewissenhaft versäumen, selbst wenn sie in Karenz geht und ein anderer Barbara Karlich spielt! Die großen Fragen der Menschheit sind letztlich nicht zu beantworten.

Kurzer Lederrock

Zu behaupten, ich hätte Andrea Berg tausendmal belogen, wäre eine glatte Lüge.
Ich habe sie nämlich eben erst kennen gelernt, weil ich ein sehr berührendes, offenbar von großer Wahrheitsliebe gespeistes Interview mit ihr gelesen habe. Vielleicht haben aber auch ihre nackten Schenkel unter dem pechschwarzen Lederfetzen meine Augen innehalten lassen.
Jetzt weiß ich also, dass AB's zweite Ehe schon 4 (in Worten: vier!) Jahre (!!!) hält und nicht einmal durch Dieter Bohlen und DJ BoBo ins Wanken gerät. Österreich bezeichnet die Tina Turner der Voralpen als ihr »Wohlfühlland«, hier hat sie auch ein »kuscheliges Haus«. Die komplexe und komplizierte Persönlichkeit der Häuserkuschlerin bringt es mit sich, dass sie ihr Werk als »Gummibärchen für die Seele« versteht, und wenn sie »Träume rettet«, dann »kracht es richtig«.
Noch einmal zurück zu den Berg'schen Oberschenkeln: Ihre Lebensaufgabe sieht Andrea Berg darin, »ihre Gefühle auszudrücken und anderen Menschen Trost und Hoffnung zu spenden«. Ihr Outfit verwendet sie dabei als eine Art »Schutzschild«. »Hinter einem so kurzen Lederrock kann ich mich dabei sehr gut verstecken.« Wie? Was? Dann könnte Frau Berg sich hinter einem noch kürzeren Rock doch noch besser verstecken! Der wäre allerdings schon eine Ehestörung ...

Pärchen

Die großen eingetragenen Lebenspartnerschaften der Populärkultur: Nestroy & Raimund, Winnetou & Old Shatterhand, Tom & Jerry, Dick & Doof, Fix & Foxi, Stermann & Grissemann – bei all diesen Kleinfamilien fragt man sich natürlich: Was wäre der eine ohne den anderen? Was wäre Dick ohne Doof, was Fix ohne Foxi? Fix und fertig wäre Fix! Was in 150 Sendungen zusammengeschweißt ist, kann man nicht trennen.
Und wenn Ster ein Interview gibt, ohne dass Grisse seinen Senf hineinquetscht, fragt man sich unwillkürlich: Hängt im Hause Mann der Haussegen schief? Ist Grisse beleidigt? Grantig? Krank? Ihre Sorgen möchten wir haben, ätzt Ster, und Grisse droht: Gib Acht! Was wäre Muckenstrunz ohne ... leider so gut wie niemand mehr. Gott habe Bamschabl selig! Sobald einer gestorben ist, sind gewissermaßen beide tot, und in der kürzesten Zeit weiß man gar nicht mehr so genau, wer eigentlich gestorben ist.
Wie hinter jedem erfolgreichen Mann eine starke Frau steht, stehen hinter jedem erfolgreichen Pärchen zehn Ghostwriter. Wenn so ein Pärchen aus dem Rampenlicht zurücktritt, tritt es automatisch einem seiner Autoren auf die Füße. Aber wenn der aufschreit, das hört niemand ...

Korrektur

Peinlich, peinlich! Ich habe einen Tod verwechselt! Bei der Lektüre meiner Glosse, in der ich über Fernsehpärchen geschrieben habe und von Stermann & Grissemann auf Muckenstruntz und Bamschabl gekommen bin, könnten aufmerksame Leser den Eindruck gewonnen haben, ich hätte ein luzides Spiel getrieben. Ich habe nämlich behauptet, dass man ein Duo viel besser kennt als seine beiden Protagonisten, und dass es, wenn einer der beiden stirbt, künstlerisch den Tod des Pärchens bedeutet.

Das Duo Muckenstruntz und Bamschabl kenne ich seit 35 Jahren, also seit meiner Kindheit. Aber dummerweise habe ich von Kindesbeinen an Muckenstruntz für Bamschabl, Bamschabl für Muckenstruntz, also den Kleinen für den Großen, den Großen für den Kleinen gehalten. 35 Jahre lang hat dieser Fehler keine Folgen gehabt, jetzt aber eine äußerst peinliche und bedauerliche, indem ich nämlich irrtümlich vom tragischen Tod Bamschabls geschrieben habe, während tatsächlich Muckenstruntz gestorben ist (und Bamschabl ihn gefunden hat). Selbstverständlich ist das ganz unabsichtlich geschehen, und ich möchte mich bei den Betroffenen für den Fauxpas entschuldigen und um Verzeihung bitten.

Grinser

Wird irgendwo in den unendlichen Weiten des Kabelfernsehens eine alte Folge von »Don Camillo« gesendet, bleibe ich zur Not auch die halbe Nacht wach, um den großartigen Komödianten Fernandel zu sehen: Ein Provinzpfarrer, mit dem der liebe Gott laut und deutlich vom Kruzifix herunter plaudert – wo gibt's das noch?
Neulich musste ich gar nicht so lange warten und bemerkte erst beim zweiten Hinsehen die Verwechslung: Das war gar nicht Don Camillo und auch nicht Fernandel. Das war Adele Neuhauser: Dasselbe Gesicht. Derselbe Grinser. Und dasselbe komödiantische Talent. Zwar spielte sie in »Vier Frauen und ein Todesfall« keinen Pfarrer (so weit ist die katholische Kirche noch nicht), sondern eine kantige Bäuerin, die aber einem Pfarrer immerhin so sehr den Kopf verdrehte, dass der in seiner Liebesnot den Herrn am Kreuz um Rat anflehte, dem aber keine Antwort einfiel – jedenfalls nicht laut und deutlich.
Bei den Todesfällen bleibt die großartige Schauspielerin, wechselt aber vom Pfarrer zum Kommissar und gibt die Assistentin Bibi Fellner des »Tatort«-Kommissars Moritz Eisner. Hoffentlich haucht sie auch dem »Tatort« den Esprit von Guareschi ein! Donna Camilla, ermitteln Sie!

Größe

Unlängst hatte ich das Vergnügen, für das ORF-Radio den Bachmannpreis zu kommentieren. Ich saß aber nicht im Theater selbst, sondern im Zelt des ORF-Landesstudiogartens, wo es ein Public Viewing gab. Erst lange nach der Preisverleihung bin ich durchs menschenleere Studio geschlendert und habe mich wieder einmal gewundert, wie klein es ist. Da haben kaum 100 Menschen Platz! Ein Theaterchen! Ein Puppentheater. Erst die drei schwarzen, dicken Ungetüme, die Kameras, verzigzigzigfachen das Publikum ... Und die Wichtigkeit. Ebenso ist der »Ballsaal« der »Dancing Stars« am Küniglberg in Wirklichkeit viel kleiner, als er im Fernsehen »rüberkommt«.

Und was für Räume gilt, gilt erst recht für Menschen. Man möchte sich gar nicht vorstellen, wie klein manche Moderatoren, manche TV-Lieblinge und vor allem viele Politiker sind, wenn man sie nur vom Bildschirm kennt. Es scheint fast, man müsse geradezu so klein geraten sein, damit der Ehrgeiz groß genug wird, ständig im Fernsehen zu sein ...

Die psychischen Konsequenzen der leidigen, aber menschlich unvermeidlichen Debatte über Kleinheit, Größe und Größenwahn böten Stoff für eine eigene psychoanalytische Vorlesung. Die Fernsehinsassen können von Glück reden, dass gerade Semesterferien sind ...

Die Besteigung des Küniglberges

Macht-TV

Alle Regime der Welt haben stets das dringende Interesse, als erstes die Medien und insbesondere Rundfunk und Fernsehen unter ihre Kontrolle zu bringen. Sie nennen diesen Vorgang »Reform«. Dieser Umdeutung des Tatsächlichen (um das Wort »Lüge« zu vermeiden) folgen zahllose andere. Zweck der »Reform« ist die Erhaltung und Verfestigung der Macht. (Sie heißt mit einem freundlichen Wort »politische Verantwortung«. Die ist das Gegenteil von »Verantwortung«).
Im Fall einer Revolution besetzen auch die Revolutionäre immer als Erstes die Rundfunkstation! Wer hier ist, hat das Sagen! *Die* Signale hört das Volk! (In Österreich kommen Revolutionen aber selten vor. 1848 war der Küniglberg noch ein bewaldeter Küniglhügel). Seit er existiert, war der ORF jedenfalls immer ein Spiegelbild der politischen Verhältnisse im Land. Ein einzelner kritischer Moderator ändert am Chamäleoncharakter nichts, der hat eher homöopathische Funktion. Wenn ich von der Sorge um die Unabhängigkeit des ORF lese, frage ich mich: Welche Unabhängigkeit bitte?
Warum die Bundesländersendungen nicht gleich die Landeshauptmänner moderieren – ZIB 1 und ZIB 2 der Bundeskanzler und »Schöner Leben« der Bundespräsident –, hat nur den Grund: Sie wissen, dass sie alleine zu langweilig wären – und dadurch Macht einbüßten.

Themenschwerpunkte

Wie rettet man die Welt? Durch Themenschwerpunkte! Kaum hatte der ORF alle seine Programme, Leisten und Formate mit der Klimaerwärmung überschwemmt, war der Natur das so peinlich, dass sie als Sofortmaßnahme noch Ende März mit einem heftigen Wintereinbruch reagierte.

Und jetzt Ernährung: Was bleibt einem da über außer Fastenzeit? Seit sie »We feed the world« gesehen hat, isst meine ältere Tochter kein Fleisch mehr (wozu sie auch Fisch rechnet), sodass im Hause Gstättner nun immer doppelt gekocht werden muss. Schön und gut. Der unangenehme Nebeneffekt ist aber der, dass meine Ältere alle anderen Familienmitglieder Mahlzeit für Mahlzeit explizit als »Mörder« beschimpft, was die Stimmung bei Wellness- und Wohlfühlschlemmen doch ein wenig drückt. Die Jüngere, auch nicht auf den Mund gefallen, bezichtigt die Ältere, den Tieren die Pflanzen wegzuessen, die sie zum Leben bräuchten, wenn wir sie nicht umbrächten.

Kurzum: Es herrschen Zwietracht und Unfriede am heimischen Herd, und diesmal ist dem Küniglberg die Weltverbesserung misslungen. Ich habe beim ORF also etwas gut, und weil es ihm ja sicher nicht um die Quote, sondern um die (gute) Sache geht, schlage ich als nächsen Themenschwerpunkt vor: Österreichische Gegenwartsliteratur. Meine Töchter sollen mich endlich einmal von meiner besten Seite kennen lernen.

Das Drama Höggerls

Nachfolgenden Generationen wird der Name Susanne Höggerl vielleicht kein Begriff mehr sein, obwohl sie heute eine angenehme Fernseherscheinung, sozusagen das hübsche unter den hässlichen Entchen ist. Aber erstens alliteriert ihr Name anders als der von Roman Rafreider, Lou Lorenz, Heinrich Heine und Daisy Duck nicht; zweitens tun ihr die Sendungsverantwortlichen von ZIB Flash regelmäßig Unverantwortliches an und erwischen sie auf dem falschen Fuß!

Tagtäglich beginnt der ZIB Flash 2 Sekunden zu früh. Oder Susanne Höggerl bemerkt tagtäglich 2 Sekunden zu spät, dass sie auf Sendung ist. 2 Sekunden lang schaut sie demonstrativ irgendwohin, nur nicht in die Kamera. Dann piekst sie ein Unsichtbarer in den Po, sodass Susanne Höggerl wie von der Tarantel gestochen hochfährt, und in ihrer Sprechblase steht das Wort »Huch!«.

Dann schnattert sie wie aufgezogen in höchster Aufregung die News ins Bundesgebiet und schiebt dabei den Kopf so weit wie möglich nach vor, die Augen so weit wie möglich aus den Augenhöhlen heraus. Leider ist aber auf der Welt tagtäglich so wenig los, dass Susanne Höggerl 2 Sekunden vor dem Sendungsende fertig ist und wie das Häschen in der Werbung mit den schwächeren Batterien kümmerlich verendet. Anstatt den falschen Fuß zu zeigen, bleibt die Regie am Gesicht. Der Kopf fällt zur Seite, Susanne Höggerls Blick stürzt ab, sie schaut verschämt zu Boden, und in der Sprechblase steht: »Es ist vollbracht. Gute Nacht!«

Wassertheurerfan

Als Nebeneffekt der Fußball-Weltmeisterschaft bin ich dank all der Pausen zum ZIB-Flash-Stammkunden geworden und raffe mich wieder einmal zu einer kleinen Indiskretion auf: Ich bin ein großer Christiane-Wassertheurer-Fan! Ich weiß alles über sie, erzähle aber nichts, denn das würde sie sicher nicht wollen!
(Dass sie zehn Jahre jünger als ich ist, genauso Germanistik und Philosophie studiert hat und aus der hübschen Kleinstadt Villach stammt, können Sie ja im Internet nachlesen.) Was ich sagen wollte: Endlich eine Moderatorin, die nicht so verrucht und lasziv daherkommt, dass sich manch ein Schelm fragen könnte: Wie ist denn die in diese Position gekommen?
Aber bei Christiane Wassertheurer sieht man sofort: Die hat ein gutes Herz! Ob Unruhen in Kirgisien, Gemetzel in Grosny, Zugsunglück in Hinterarlberg oder Ölkatastrophe im Atlantik: Je »härter« die »Facts«, desto gütiger ihr Blick! Der ZIB Flash wird präsentiert von der heiligen Bernadette! Und genauso herzig und einfühlsam ist Matthias Euba. Ich glaube, off records streichelt er als Erstes seine Kaninchen. Die Welt ist hart genug!
Privat sind die beiden zwar nicht (miteinander) liiert. Eines haben sie aber doch ganz offenkundig gemeinsam: den Friseur. Und den sollte man sofort rausschmeißen!
Post scriptum: Unter genau den Umständen, unter denen manch andere Moderatorin am Bildschirm erscheint, ist Christiane Wassertheurer umgekehrt weg vom Bildschirm: Mutterschutz! Karenz!

Die Brille

Die liebste aller Sendungen im ORF ist mir die ZIB 2. Der liebste aller Moderatoren ist mir Armin Wolf. Und das Allerliebste an Armin Wolf ist mir seine Brille. Denn wenn er am Ende des Tages seine Mundwinkel gerade so weit nach oben zieht, dass die mimische Gesamtsituation noch kein reguläres Schmunzeln ergibt, wenn er den Kopf genau so schief legt, dass das Gestell noch nicht vom Nasenbein purzelt, dann erzeugt sie, die Brille, jene anheimelnde Mischung aus Kompetenz und Güte, die der müde ZIB-Zuschauer braucht, um an der Weltzeitgeschichte nicht gänzlich zu verzweifeln.

Dabei gibt es immer weniger Nachrichten, und die schlechten Nachrichten sind auch nicht mehr das, was sie einmal waren. Heute berichten schon alle Korrespondenten in Panik live vor Ort, wenn der Eiffelturm NICHT gesprengt worden ist. Keine *breaking news* mehr; the news are blowing in the wind! Aber was soll's, solang der Moderator eine Brille hat! Peter Machac hatte eine. Robert Hochner hatte eine. Armin Wolf hatte eine – und jetzt ist sie plötzlich weg! Noch eine ORF-Reform – und nicht die Beste! Ob er mit Strache über Mohammed oder mit Hanno Settele über Hillary Clinton spricht: Völlig augennackt ergibt Armin Wolf ein erschütterndes Bild von Hilflosigkeit und Brautschau. Die Welt ist aus den Fugen!

Edelstein Ingrid

Hoffentlich liest Ingrid Thurnher meine heutige Glosse nicht – ich würde rot vor Scham werden. Denn ich muss Ihnen, liebe Leser, heute ein kleines Geheimnis verraten: Ich war sehr verliebt in die Miss Bludenz. Jahrelang sahen wir uns beinahe täglich (obwohl wir beide mit anderen Partnern verheiratet waren), und wir hatten eine Superzeit miteinander, weil ich die wichtigste Regel menschlichen Miteinanders beherzigt habe: Gut zuhoren – und nicht zurückreden!

Dabei hat mich die Ingrid die ganze Zeit mit Katastrophen behelligt (die ich eigentlich gar nicht mag und nur ihretwegen geschluckt habe) – aber dann hat sie wieder so lieb geschmunzelt nach dem Motto: zwar Lassing – aber Ingrid. Zwar Galtür – aber Ingrid. Zwar EU-Sanktionen, 9/11, Hochwasser, Golfkrieg, ETA-Bomben, Tsunami, BAWAG, Haider – aber Ingrid, Ingrid, Ingrid. Sie war der Edelstein in meiner Fernsehkonsumentenkarriere.

Als Ingrid die ZIB verließ, verließ auch ich die ZIB und all ihre Katastrophen, was sich auf meine Seelengesundheit hervorragend auswirkte. Nur das Herzerl war einsamkeitsschwer. Jetzt ist die Ingrid zurückgekehrt – und mit ihr die Schmetterlinge im Bauch. Wir werden uns wieder täglich sehen – nur werde ich diesmal den Ton ausschalten!

Stirb langsam

Die ganz großen Kunstwerke sind von sich aus so sprechend, dass sie nicht adäquat zu kommentieren sind. Der verblüffte Rezensent kann ihre Existenz bloß annoncieren und preisen, in Ehrfurcht erstarren und den nötigen Platz am Podest schaffen. Selbst der Künstler, der Genius, ist ebenso außerstande, den göttlichen Funken beim Schaffensprozess herzuleiten, wie einer den Blitz erklären könnte, der gerade in ihn eingeschlagen hat.

Um ein solches geradezu exemplarisches Kunstwerk handelte es sich beim ZIB Flash vom vergangenen Samstag um 23.10. Er hätte auch heißen können: Warum die Welt so ist, wie sie ist, und warum sie ganz einfach nicht besser wird. Umjubelte Hauptdarstellerin war die wunderbare Nachrichtenschauspielerin Lisa Gadenstätter. Hier die erste und letzte Meldung der von ihr charmant lächelnd performten Nachrichten demütig im Original:

Erste Meldung: »Der deutsche Bundespräsident Köhler ringt bei seiner Trauerrede in Winnenden für die sechzehn Todesopfer des Amoklaufs mit den Tränen. Es müsse, sagte der Bundespräsident, allen vernunftbegabten Menschen klar sein, dass übermäßiger Konsum von Gewalt in den Medien auf Dauer schweren Schaden anrichtet.«

Letzte Meldung der strahlenden Lisa Gadenstätter, geschätzte drei Minuten später: »Hier geht es weiter mit ›Stirb langsam 2‹. Haben Sie noch einen schönen Abend!«

Mirjam freut sich

Stark: Mirjam Weichselbraun freut sich auf Hape Kerkeling. Unbekannter TV-Star kommt zu TV-MEDIA-Lesung. Plus: Wie Mirjam (Erotik: 3 Punkte) Hape (Humor: 3 Punkte) bei Leseevent anmoderiert. Garantiert: Keine Artikel. Viele Adjektiva.
Exklusiv: Hape im Mirjam-Check: Hape fabriziert Gags nicht auf Kosten anderer, sondern allein durch die eigene Präsenz. (Äh? Bumerang?)
Hape hat aber auch ernste Seite: Sein Buch. (Anspruch: 3 Punkte) Kein Gagfeuerwerk. (Humor: 0 Punkte)
Mirjam hat es mehrmals genossen. Weil sie es einfach liebt. Es ist eine sehr präzise Schilderung, wer Hape auf dem Jakobsweg begegnet ist. Er selbst! (Hape trifft Hape. Spannung: 4 Punkte)
Hapes Beobachtungen sind (laut Mirjam) so genau, dass er »selbst im Alltäglichen die verborgene Komik entdeckt hat«. Ja, wo auch sonst, liebe Mirjam? In eigens am Wegesrand errichteten, besonders bunten Komikzentren, Komikkonzernen und Familienkomikparadiesen mit ermäßigten Wochenkarten?
Das Buch hat Mirjam aber auch »ein wenig zum Nachdenken über die wichtigen Dinge des Lebens gebracht«. Plus: Spirituelle Momente.
Ja? Und? Weiter? Nichts weiter. Erotik: 0 Punkte, leider.
Aber bei der TV-MEDIA- Lesung bekommt Mirjam sicher genauere Einblicke ins Pilgerleben. 1,6 Millionen Käufer des Buches (Quotencheck) können einfach nicht irren (Quotenbilanz/Gagefeuerwerk). Mirjam freut sich. Ich freue mich auch. Dass sie mich nie anmoderiert.

PPP

Wenn man es in unserem Land zu etwas bringen will, muss man PPP studiert haben: Packelei, Postenschacher und Proporz. Das gilt für sämtliche Karrieren in sämtlichen öffentlichen Bereichen, in Schulen, Krankenhäusern, selbst in Sport, Wissenschaft, Kunst – und vor allen anderen in Rundfunk und Fernsehen. Da ist die lückenlose parteipolitische Durchdringung doppelt schlimm (effektiv).

Während es keinen dramatischen Unterschied gibt, ob man ein Autowrack rot oder schwarz – sozialdemokratisch, bürgerlich, christlich, neoliberal, reaktionär etc. – abschleppt, einen Kranken rot, schwarz oder blau operiert (naja: blau besser nicht!), während man Hollywoodsoaps schwer so oder so senden kann, macht es bedeutende Unterschiede, ob man Wirklichkeit und Wahrheit rot, schwarz, rotschwarz, schwarzblau, rotgrün in den Äther schickt und übers Volk schüttet. Andere Wahrheiten sind dem Menschen in Österreich scheinbar nicht zumutbar!

Misstraue Nachrichtenformaten, Seher! Misstraue Dokumentationen und Hintergrundformaten! Objektivität, Unabhängigkeit: Mythen der Moderne! Hörer, denke bei diesen großen Worten stets daran: Auch die sind nur das Geschwätz von Parteisoldaten, die anders gar nicht in ihre Position und auf ihren Posten gekommen wären! Sollte sich dieses Land jemals aus der Geiselhaft der Parteiendiktatur befreien, wird vom ORF nichts übrig bleiben.

Nächste Woche studieren wir MMM (Machtinstrument, Manipulation, Mauschelei).

Übermensch

Als ich unlängst auf die Straße trat, tippte mir ein seltsames Wesen auf die Schulter: Von den Zehenspitzen bis zum Halsansatz offenbar ein Mensch, aber statt des Kopfes saß ein Fernsehgerät am Hals. Der Übermensch!, dachte ich erschrocken. Nietzsche hat ihn aber anders beschrieben!
Sein Bildschirm war finster, abgesehen von den Zickzacklinien des Elektrokardiogramms, die hektisch zu zittern begannen, als der Übermensch mich ansprach: »Dein Fernseher ist für dich da. Sei du auch da für ihn!« »Ecce Homo?«, fragte ich. »Nein, Gebühren Info Service! Aber du kannst GIS zu mir sagen!«
»Sag einmal, GIS, warum um alles in der Welt soll ich für meinen Fernseher da sein?« Darauf hatte der Übermensch keine Antwort und überreichte mir stattdessen eine gelbe Blume. Jetzt wurde es mir zu bunt. Blumen brauche ich nicht, Humor habe ich nicht, also riss ich dem Scherzbold das Fernsehgerät vom Hals, um dem Übermenschen endlich von Aug zu Aug gegenüberzustehen. Aber wie entsetzlich war mein Erschrecken: Denn es kam kein Kopf und kein Gesicht und nicht einmal eine blutende Wunde zum Vorschein, sondern bloß ein paar abgerissene Kabel und Drähte. Das Wesen schrie auch nicht, es knisterte nur. Hatte ich einen Mord begangen? Oder bloß Sachbeschädigung? Ich sag mal: ein Fall für den Volksanwalt!

GIS

Gerade informierte das GIS meinen lieben Papa in einem Schreiben mit beiliegender Aufstellung über die Zusammensetzung seiner Rundfunkgebühren in allen Details. Weiters informiert das GIS meinen Papa, dass sich das ORF-Programmentgelt aufgrund einer Entscheidung des Stiftungsrats vom Dezember 2011 ab 1. Juni 2012 erhöht!

Summa summarum hätte das GIS von Papa gern 48,59 Euro (für Papa: 668,6 öS), wovon der ORF 2/3 erhält, den Rest Bund und Länder. Mit der Landesabgabe finanzieren die Länder regionale kulturelle Aktivitäten (mich und meine künstlerische Tätigkeit z. B. seit vielen, vielen Jahren mit 0,00 Euro (0,00 öS)). Ausführliche Informationen erhält Papa außerdem im Internet oder unter der Service-Hotline. Mittels beiliegendem Erlagschein möge Papa die Gebühren bis spätestens 1.5.2012 (fett gedruckt) einzahlen.

Ich fürchte, dass wird sich nicht ausgehen. Mein lieber Papa ist nämlich vor 14 Jahren gestorben. Als er die Welt verließ, gab es weder Euro noch Internet, jedenfalls nicht als Massenmedium. TV gab es. Es war nicht gut, aber besser.

Trotzdem schön zu sehen, dass Papa auch nach seinem Ableben nicht vergessen und sein irdisches Wirken also nicht vergebens gewesen ist. Bisher hat Papa postum nur Post von Parteien im Wahlkampf bekommen. Jetzt lässt ihn auch die GIS auferstehen. Es wird schon ...

Kinder

Endlich wieder ein Themenschwerpunkt: Unsere Kinder! Zwischen »13« (»Liebe Kinder, warum furzen Heringe?«), »Kindermillionenshow« (100.000 Euro für den Knirps, der wusste, dass Österreich weder Monarchie noch Diktatur ist) und Kinder-»Was-gibt-es-Neues« eine »Einschaltung von öffentlichem Interesse«, eine »Initiative der AUVA für mehr Sicherheit«: »Baba und foll ned und schau auf di!« singt Wolfgang Ambros. Christoph Grissemanns Stimme kommt von »Wurzel 64« genialerweise auf »Gib Acht!« und verfällt dann ins Reimen: »Schulbedarf an falscher Stelle senkt die Schülerzahl sehr schnelle!« Das illustriert eine Zeichentrickfigur in der Schulklasse, die über eine Schultasche stolpert. Was für Probleme!

Ich lebe in einer Stadt, die kollektiv unter Schock steht, weil ein neunjähriger Bub am Schulweg am Zebrastreifen von einem Lastwagen überfahren und getötet worden ist. Aus den Schlagzeilen heraus wird die schreckliche Tragödie bald wieder sein, aber sie ist nie wieder gutzumachen. Das Leid bleibt leider.

Die Führung einer Gesellschaft, die für die Sicherheit von Leib und Leben ihrer Kinder nicht ausreichend zu sorgen weiß, muss sich die Frage gefallen lassen: Was kostet eine Sekunde Fernsehwerbung? Und was kostet eine Stunde Schülerlotsendienst? So viel zum Themenschwerpunkt Kinder.

Tische

Als heutiges Thema habe ich mir Tische gewählt. Denn Tische spielen im Fernsehen eine bedeutendere und geheimnisvollere Rolle, als man denkt. Da wäre einmal der ZIB-2-Tisch: Der größte und wuchtigste von allen, so lang, dass locker sechs bis sieben Personen an seiner Längsseite Platz hätten. Es sitzen aber nur der Moderator und allenfalls ein Gast dort – weit auseinander.
Der Tisch ist völlig leer, abgesehen von einem Laptop, den der Moderator aber nie bedient. Nichts zu essen, nichts zu trinken. Keine Bücher, keine Akten oder Leitzordner, keine Hefte, kein Papier, kein Schreibzeug: kein Esstisch, kein Schreibtisch. Hier wird nicht gelebt, hier wird nicht gearbeitet, aber hier ist es wichtig. Neuerdings hat der ZIB-Tisch die Form eines Bumerangs: Der Grund müsste noch genauer erforscht werden.
Der Tisch bei »Sport am Sonntag« ist kleiner und kompakter, und die Gegenüber-Sitzordnung gebiert eine Duellsituation zwischen Moderator und Gast. Immerhin ist Fußball nach wie vor die wichtigste Nebensache im Fußballstadion, und da kann es schon zu Auseinandersetzungen kommen. »Kreuz-und-quer«-Debatten müssen mit schmächtigen, niedrigen Glastischchen auskommen – Metaphysik ist auch so undurchsichtig genug. Und dann »Wie bitte?«. Völlig unwichtig, völlige Tischlosigkeit. Die Moderatorin schlägt gut sichtbar ein Bein über das andere. Hollarätulióöh! Den Anblick mag niemand unter den Tisch kehren!

Report

Nicht zum ersten Mal habe ich unlängst im »Report« eine Wortspende gegeben. Die paar Sekunden waren aber einem Interview entnommen, das sicher dreißig Minuten gedauert hat. In dem Beitrag kamen neben mir noch fünf andere Wortspender zu Wort. 60 Sekunden Sendung entsprechen also etwa drei Stunden oder 3600 Sekunden Material, von dem 3540 Sekunden nicht gesendet werden.

Das ist ganz normal und üblich. Sendete man alles, was man gedreht und aufgenommen hat, dauerte so ein »Report« pro Folge locker 24 Stunden. Aber jeder einzelne Wortspender, der sich gesehen und gehört hat, mag sich umgekehrt denken: Ja, was ich gesagt habe, habe ich gesagt. Aber ich habe noch viel mehr gesagt: Vor dem gesendeten Gliedsatz kam ein nicht gesendeter Hauptsatz, der alles nuanciert und relativiert hätte! Und wer weiß, was die Wortspendekollegen außer dem, was sie gesagt haben, noch gesagt haben. Und es gab in der Sendung auch noch andere Beiträge ...

Die Wahrheit hat der »Report« schon gesagt – aber nicht die ganze Wahrheit. Wenn der Löwenanteil nicht gesendet, nur ein Bruchteil gesendet wird, bleibt als Ergebnis und Kernaussage eines Beitrags das, was Redakteur und Redaktionskonferenz schon vor Drehbeginn im Kopf hatten. Und das sollte der Seher immer mitbedenken.

Stimmt es, was der Germanist Gerhard Zeilinger behauptet, dass es, geht es um den ORF, um Machtpolitik geht? Doch wohl schon! Und umgekehrt natürlich auch. Stimmt es, dass also Wrabetz genauso gut Kanzler und Faymann ORF-General sein könnte? (»ORF-General« ist genau so genommen ein erschütternd entlarvendes Wort, auch wenn die Konsumentenmasse zu abgestumpft für jede Art von Erschütterung ist. Wie »wählt« man einen »General«?) Stimmt es, dass der ORF unter diesem Duo zum reinen Idiotenfunk verkommen ist? Stimmt es, dass die ehemalige Kampfkraft der Gewerkschaften heute der Reichweite der Medien entspricht, die die Politik mitbestimmen? Das mag alles stimmen.

Aber dass Faymann die »Wahlen mit dem Boulevard gewinnt, dass die Wähler, auf die es ankommt, in der unteren Bildungsschicht beheimatet sind, die klassische Zielgruppe von ›Krone‹ und ›Österreich‹« – das stimmt nicht ganz.

Man vergisst das ja schnell, aber Faymann hat keine Wahl gewonnen, sondern ist – trotz »Krone« – mit einem profunden Debakel ins Bundeskanzleramt gekommen. Wie es aussieht, setzt es bei der nächsten Wahl – trotz Boulevard – die nächste Niederlage.

Faymann wird trotzdem weitermachen, zumindest im ORF, notfalls als Columbodouble. Nur halt ein Columbo, der keinen Fall löst. Ein Columbo, der auf der Leitung steht ...

Moderator

Leichenbittermiene, grauer Anzug, Krawatte, Hornbrille: Das war die Standardausrüstung des ZIB-Sprechers in den TV-Gründerjahren. Später wollte der Sender zeigen, dass auch der ZIB-Sprecher allen permanenten Katastrophen, die er meldete, zum Trotz keine Maschine, sondern auch ein Mensch war. Also erfand man das »nette Wort« vor dem Wetterbericht und nannte ihn »Moderator«.
Schlagartig wurden er und seinesgleichen bei den Sehern immer sympathischer.
Aus dem »netten Wort« wurde die Anekdote, aus der wieder eine Art one-man-carnival: Die Moderatorin spielt Carmen, der Moderator demonstriert Planking und nimmt wegen der Hitze Schlapphut, Fächer und Piña Colada mit ins Studio, als müsste er alle Meldungen zum besseren Verständnis noch illustrieren und schauspielern.
Was noch? Bei Berichten über die libysche Revolution müsste Armin Wolf sich eigentlich eine Kalaschnikow um die Schulter schnallen, beim Erdbeben in Peru heftig auf seinem Moderatorenstuhl hin und her schaukeln, und beim nächsten Tsunami schüttet ihm der Regieassistent einen Kübel Wasser über den Kopf. Das wird lustig!

Streik

Früher offenbarte sich die Macht im Militär, in der Polizei, im Verwaltungsapparat. Heute äußert sie sich im Staatsmedium: Sie zeigt die Präsenz immer dort, wo die Masse am angenehmsten greifbar ist.
Wie wunderbar, dass alle Wohnzimmer der Republik zusammengeschlossen sind! Um 19.00, um 19.30, um 22.00, fallweise um 21.05 und um 24.00 und außerdem immer und hinter den Kulissen kann man der Masse der Wohnzimmerunterworfenen schön zeigen, was man alles mit ihr aufführen und anstellen kann, was sie sich alles bieten und was sie sich alles gefallen, wie sie sich am Nasenring führen lässt! Günstlingswirtschaft ist noch das allerharmloseste Requisit der Parteiendiktatur, die sich »Demokratie« nur noch als albernes Faschingskostüm hält.
Den einzelnen Fernsehkonsumenten kratzt die Arroganz der Macht sehr wenig, solang er nicht Literaturnobelpreisträger ist und solang man ihm nur die »Krone der Volksmusik« lässt, die Fußballländerspiele und die Schiabfahrten.
Vorbei die Zeiten, als ein Wutbürgertum auf die Straße ging und auf die Barrikaden stieg. Wie streikt eine Fernsehnation? Indem die gesamte Nation gleichzeitig die »Off«-Taste drückt! Zum Beispiel heute um 19.30 zum Zeichen: »Mit uns nicht!« Aber kann das klappen?

Eine Welt kommt!

»Schau Papa, eine Welt kommt!«, sagte meine Tochter mir fast jeden Abend, als sie klein war, und machte große Augen. Es kam aber nur die ZIB. Meine Kleine musste schlafen gehen. Ich durfte nicht. Und daher sah und hörte ich jede Menge Politiker. Sieben Bundeskanzler und elf Vizekanzler habe ich erlebt (verbraucht/ an mir vorbeiziehen lassen), seit ich wahlberechtigt bin, von Höflichkeitspräsidenten und machtpolitischem Kleinvieh ganz abgesehen. Die Namen wechselten, sie waren (und sind) Schall und Rauch.
Aber seit 30 Jahren höre ich, wenn nicht gerade eine Naturkatastrophe oder ein Großverbrechen die Welt, die jeden Abend kommt, in Atem hält, aus allen Machtmündern in Stein gemeißelt die beiden Worte: »Sparpaket«. Und: »Steuerreform«. Letztes Jahr glaubte ich kurz, es gäbe etwas Neues unter der Küniglbergsonne, nämlich »Schuldenbremse«. Aber es blieb dann doch bei »Sparpaket« und »Steuerreform«. Dass mich beides nach 30 Jahren nicht mehr interessiert, verbuche ich unter dem Begriff: »Lebenserfahrung«.
Regelmäßig, ein paar Jahre, nachdem die Machtmünder zum Halten gebracht worden sind, kommen rückwirkend noch zwei Worte dazu: »Korruption« und »Skandal«. Eines Tages werde ich meiner Tochter sagen: »Schau Kind, eine Welt verschwindet!« Und denken werde ich mir: »Es wird ein Sparpaket sein. Es wird Korruption sein. Und wir werden nicht mehr sein ...«

Goldene Bullen

Krimis und Kommissare

Tölzer Apokalypse

Letzten Dienstag war ich in Tölz. Nettes Städtchen, idyllisch im Isarwinkel gelegen. Hübscher Marktplatz, putzige Häuschen. Café Schuller, Grünerbräu, Kolberbräu: Alles da. In der Metzgerei Wurstkuchl gibt es die »Original Tölzer Bullenknacker« und am Eingang einen ganz dicken Original-Pappkameraden mit einer Maß Bier in der Hand.

Nur etwas fehlte: Menschen! In ganz Tölz nicht eine einzige Menschenseele, als sei eine Neutronenbombe detoniert. Ganz Tölz ausgestorben! Ich ging zur Polizei. Da saß völlig paralysiert ein sehr barocker Mensch. Seine Oberarme zappelten wie bei einem Känguru, der Kopf wippte mechanisch und er jammerte stereotyp: »Mama! Krampf! Mama! Krampf!«

Auf meine Frage, wo denn die Tölzerinnen und Tölzer seien, antwortete der Mann: »Alle ermordet. Nach und nach. Jetzt ist keiner mehr übrig. Anfangs waren die Ermittlungen noch interessant: Einmal schmutzige Geschäfte in Bauwirtschaft und Politik, einmal dunkle Machenschaften im Klerus, einmal Eifersucht und verschmähte Liebe. Aber je mehr Tote, je weniger Überlebende, desto weniger Verdächtige auch beim nächsten Fall. Der Fluch der Kleinstadt! Vor lauter Personalmangel musste am Ende schon der Staatsanwalt den Gerichtsmediziner umbringen ...«. »Und die Kollegin Richter hat die Kollegin Lorenz am Gewissen?« »Nein, die ist an Altersschwäche gestorben. Und Mama ist schizophren geworden, hält sich für Agatha Christie und ist ausgewandert. Sie wissen ja, dass Agatha Christie auch einmal verschwunden war – und Arthur

Conan Doyle sich auf die Suche nach ihr gemacht hat. Na, egal! Jetzt bin ich ganz allein in Tölz! Was soll ich tun? Wo soll ich hin? Rosenheim ist auch schon ausermordet, Murnau, Kitzbühel. Alle hinweggerafft ...«

»Gehen Sie nach München«, riet ich dem Ärmsten. »Nach Derricks Pensionierung wächst das langsam wieder nach. Oder Sie wechseln einfach die Branche und werden Pfarrer! Denken Sie bloß an all die Beerdigungen! Da haben Sie viel zu tun ...«

Tobendes Ich

Wieder einmal habe ich »Monk« geschaut. Es lief so ab: Leutnant Stottelmayer fragte einen Mörder: »Wie ist es, wenn man jemanden erschießt?« Antwort des Bösewichts: »Es ist nicht wie im Fernsehen!«
Das habe ich im Fernsehen gesehen und gehört. Wie ist es also wirklich? Die nächste Fernsehmeldung lautete: John Malkovich will nach Klimt jetzt Unterweger spielen, der durch John Leakes Biographie wieder ins Gespräch gekommen ist. Was für eine hohe postume Ehre für einen Häfenpoeten und Serienmörder! Sicher werden sich auch die Hinterbliebenen der ermordeten Frauen jetzt sehr freuen! »Tobendes Ich« goes Hollywood! Die Kraft der Literatur setzt sich ja doch immer durch ...
Ich kannte Unterweger nicht persönlich, aber brieflich. Als Insasse der Strafanstalt Stein gab er nämlich die Literaturzeitschrift »Wortbrücke« heraus, für die ich ihm ein paar Gedichte geschickt habe, allerdings unter einem weiblichen Pseudonym. Nur wenige Tage später bekam ich aus Stein einen parfumierten Brief im zartrosa Kuvert mit Jacks Versicherung, wie gut ihm meine Lyrik gefalle, der Einladung zu einem Rendezvous und einer langstieligen roten Rose.
So lief es ab. Gekommen ist es zu diesem Rendezvous zum Glück aber nie. Wer weiß, vielleicht könnte ich diese Zeilen sonst auch längst nicht mehr schreiben. Merk's Malkovich!

Columbo

Peter Falk ist 80 – wenn's wahr ist. Ziemlich alt muss er mittlerweile auf alle Fälle sein, denn seit circa einem halben Jahrhundert gibt es jeden Sonntagabend ohne jede Ausnahme eine Folge von »Columbo«. Kein anderer Schauspieler oder Showmaster, kein Künstler, kein Politiker der Welt hatte im Lauf der Fernsehgeschichte auch nur annähernd so viel Sendezeit wie Peter Falk.

Freilich sind die Folgen längst nicht mehr neu. Es sind auch keine Wiederholungen. Es ist die Wiederholung der Wiederholung der Wiederholung (usw.). Columbo klärt ein und denselben Mord nicht ein, sondern fünf, sechs, sieben Mal auf. Aber was macht das schon? Von einem Mal zum anderen hat man längst vergessen, wie. Immer aber ist es ein Triumph des i-Tüpfelreitens. Meine Nachbarin, Frau Wegscheider, hat alle Morde, aber keine einzige Aufklärung miterlebt. Da schläft sie immer ein.

Auch der Mörder (z. B. Leonard Nimoy, Oskar Werner, Johnny Cash, William Shatner) begeht ein und den-selben Mord immer wieder, wird immer wieder über-führt und verhaftet, kommt aber hinter dem Rücken des Zusehers immer wieder frei und wiederholt seinen Mord – ad infinitum. Die Menschen werden nicht besser.

Columbo ist 80. Aber da die Wiederholungen nicht chronologisch, sondern bunt gemischt ausgestrahlt werden, kann Columbo binnen einer Woche locker 30, 40 Jahre älter – oder jünger werden. Das soll ihm erst einer nachmachen!

Barnaby

Columbo wirkt schrullig und verschroben, ist aber ein genialer Ermittler und klärt die raffiniertesten Verbrechen auf. Thomas Barnaby hat es mit lauter schrulligen und verschrobenen Südengländern zu tun, und die Morde, mit denen er konfrontiert wird, sind genauso absurd wie die Mörder und die Ermordeten. Er löst die Fälle, indem er am Ende der 90 Minuten aufsagt, was sich der Drehbuchautor gedacht hat.
Im Schnitt sind die Barnaby-Mordopfer zwanzig Jahre älter als alle übrigen Fernsehmordopfer; ebenso die Mörder. Beim typischen Barnaby-Mord erschlägt der Täter sein Opfer von Angesicht zu Angesicht mit einem stumpfen Gegenstand, ohne dass sich das Opfer auch nur im Geringsten dagegen wehrt oder seine Arme beim Schlag schützend vor den Kopf halten würde.
Columbo ermittelt in L. A. (das real existiert), Barnaby in Causton, ein offenbar erfundenes Nest, das sich auch touristischer Nachnutzung verweigert. Anders als Mrs. Columbo tritt Mrs. Barnaby auf und serviert Mr. Barnaby sogar »gedünsteten Schafshals mit Pilzknödel«, was überall in der zivilisierten Welt Verhaftung und schweren Kerker zur Folge hätte. Freilich: Welcher Kommissar bringt schon seine Frau hinter Gitter?
Eines haben Sonntagsinspektor und Freitagsinspektor aber doch gemeinsam: Meine Nachbarin Frau Wegscheider hat noch nicht eine Aufklärung mitbekommen. Sie ist – sagt sie jedenfalls – ausnahmslos bei jeder Folge eingeschlafen. Und doch gibt es auch hier Unterschiede: »Barnaby ist mir lieber«, sagt sie, »bei Barnaby schlafe ich viel besser!«

Emre

Eric Ode würde sich im Grab umdrehen, wüsste er, dass seine Nachfolger im deutschen Fernsehen allen Ernstes in Istanbul ermitteln. Gibt es denn in Deutschland keine guten, alten deutschen Morde mehr?
Aber ein Mord geschieht nun einmal nicht aus Böswilligkeit, sondern ist beinharten Quotengesetzen unterworfen. Man braucht sich nur die gegenwärtige Bevölkerungszusammensetzung zwischen Kiel und Berchtesgaden anzusehen, und es wird schnell klar, dass diese Istanbuler Morde ganz bewusste Zielgruppenmorde sind, die sich an ein ganz bestimmtes Mordzielpublikum wenden. Manch einer kann da, nachdem er seine Kebabbude in Braunschweig oder Düsseldorf zugesperrt hat, seine Sehnsucht nach der Heimat seiner Väter stillen. Womöglich hat auch die Türkeitourismuswerbung ihre Finger im Spiel, und vielleicht trällert in einer der nächsten Folgen zwischen Verbrechen und Aufklärung die original fidele Türkencombo: »Warum ist es am Bosporus so schön?«
Die Frauen tragen zwar noch Kopftücher und Röcke, sind aber im Schnitt überdrehte Türkentussis, die es in der Türkei nirgendwo gibt. Dem Regisseur merkt man deutlich an, dass er sich vor den Istanbulkrimis in der Waschmittelwerbung für Persil und Ariel und Fewa hochgedient hat. Die Polizeibeamten heißen zwar Ali und Mustafa und Mehmet, aber sie reden deutsch und denken deutsch und handeln deutsch. Und daher warte ich auf den Satz: »Hol schon mal den Wagen, Emre!«

Derrick

Die Hände am Rücken verschränkt beugt sich die Karikatur von Umberto Eco am Umschlag seines Buches hinunter, um die Karikatur Derricks zu mustern, der eine Filmklappe in der Hand hat: Am Titelblatt und im Titel eines Buches des italienischen Paradeintellektuellen vorzukommen, kann kein zweiter Fernsehkommissar der Welt von sich behaupten. (U. E: Derrick oder die Leidenschaft fürs Mittelmaß, Hanser 2000)
Geschätzt hat Derrick aber nur der Papst (JP II), nicht Eco: »Der Protagonist hat das traurige Lächeln eines geborenen Witwers, er trägt Anzüge von der Stange mit grauenvollen Krawatten, und seine Mitarbeiter gehen in Lederjacken und Jeans, die nicht einmal richtig verwaschen sind.« Die Morde, die er aufklärt, sind weder raffiniert noch abstrus. »Seine Schuldigen sehen so unverschämt schuldig aus, dass sie gewöhnlich sogar von Harry erkannt werden.«
Warum also gefiel Derrick? Schwere Frage. Er war der letzte Kommissar ohne Privatleben. Derrick kocht nicht und isst nicht. Er singt nicht am Steuer, er fährt nicht einmal selbst. Er versteht sich nicht auf Frauen und ist auch nicht everybody's Darling in Nightclubs. Er hat keine Zwangsneurosen, keinen Therapeuten, keinen Hund, keine Bewährungshelferinnen. Er hat nicht einmal eine Mama. Krampf. Aber Mörder findet man auch so.

Wort zum Sonntag

Der ORF hat nicht das Monopol auf Kuriositäten: So sendet etwa die ARD das »Wort zum Sonntag« sicherheitshalber bereits am Samstag. Vor strahlend blauem Hintergrund sagt der Prediger, Gott habe nicht gesagt, dass unsere Welt ein Paradies sei und wir da zu Hause seien, sondern dass nach dem Tod noch eine bessere warte.

So vorbereitet und gewappnet kommt dann direkt einer von Mankells Wallander-Krimis, deren Morde sich durch besondere Bestialität und Brutalität auszeichnen, die ideale Senderwaffe gegen die sommerliche Quotenflaute. Weil die Menschen so gern bestialische Morde sehen, ist Wallander der einzige mir bekannte Kommissar, der in drei verschiedenen Körpern ermittelt, wodurch auch die Mordopfer in drei verschiedenen Körpern sterben, auch wenn der Mord derselbe ist.

Der harte ORF sendet seinen Wallander ein bis zwei Stunden später. Dafür lässt er ihn ohne Schutzpredigt auf die Österreicher los. Aber wann immer man einschaltet, hat man das Gefühl: Den Mord kenne ich schon! Die Leiche habe ich schon gesehen! Zum dritten Mal wiederholt wird auch die brutalste Bestialität sozusagen todlangweilig. Dieser immerhin erfreulichen Tatsache widme ich mein heutiges Wort zum Sonntag.

Schnell heraußen

Ob man eine Stadt portraitieren, einen Typen zeichnen, ein gesellschaftliches Problem erörtern will: Ein Mord muss her! Vermitteln durch ermitteln!

Was für Ystad, Triest oder Miami gilt, gilt natürlich auch für Wien. Wenn Schnell ermittelt, erfahren wir, dass es auch umgekehrte Klischees gibt, und wir lernen:

1. Immigranten oder Mitbürger mit sogenanntem Migrationshintergrund sprechen perfekt und akzentfrei Deutsch, sind in jeder Situation Herr der Lage, tolerant und besonnen, absolvieren ihr Studium in Rekordzeit und werden in der Regel Oberarzt oder Computerspezialist. Alteingesessene Mitbürger haben hingegen einen tschechischen Namen (Migrationshinterhintergrund, na eben!), sind dumpf, stumpf und etwas schwer von Begriff. Ein Mensch mit Migrationshintergrund mag einmal Opfer sein oder auch unter dringenden Tatverdacht geraten (Vorurteil!), aber der Täter ist er nie, nie, nie. Unmöglich.

2. So richtig harmonisch ist eine Familie erst nach der Scheidung der Eltern. Die Frau ist nach der Scheidung selbstbewusst, hochaktiv und erfolgreich. Der Mann versinkt in Melancholie und beschäftigt sich mit Leichen, wie er selbst eine ist. Die Kinder beschäftigen sich mit Brettspielen und haben volles Verständnis für den Zeitmangel beider Eltern. »Ihr seid ja keine Babys mehr! Wir sehen uns in der Schlussszene! Großes Pfadfinderehrenwort!«

Man hat es schnell heraußen: Die Serie ist hochdidaktisch und sehr, sehr gut gemeint.

Laurenti

Als ich Veit Heinichen vor vielen Jahren in Triest kennen lernte und wir uns auf der Piazza Unità vor dem Duchi d'Aosta erstmals die Hand schüttelten, passierte mir ein peinlicher Fehler: Ich verwechselte Laurenti und Brunetti, also seinen Comissario mit dem von Donna Leon aus Venedig. »Verwechseln« ist zu viel gesagt. Ich brachte nur ihre ähnlich klingenden, erfundenen italienischen Namen durcheinander. Die Unterschiedlichkeit der Figuren war mir schon bewusst. Denn Veits Plots sind viel klüger als die seiner Konkurrentin, und manchmal, etwa auf den Seiten der Wiederauferstehung des fast toten Laurenti, erreicht Heinichen tatsächlich poetische Meisterschaft. Veit war mir nicht böse. Oder er hat es professionell verborgen. Damals schrieb er gerade am »Totentanz«, der jetzt verfilmt und im Fernsehen gezeigt wurde. Im Film kommt der Gehalt des Buches leider nicht zur Geltung – den könnte man tatsächlich mit einer Donna-Leon-Verfilmung verwechseln.
Bleibt dem Zuseher nur die Lust an den Schauplätzen: der atemberaubende Triestiner Golf, der Canal Grande, die Piazza Unità, das Grand Hotel Ducchi d'Aosta und ein paar Szenen in »Harry's Grill«, die Universität, die alte Zahnradtramway nach Opicina, das Schloss Duino, hier seltsamerweise ein Zentrum internationalen Waffenhandels und das Zuhause des Erzgauners Viktor Drakic. Und dann noch – für ein paar Zehntelsekunden – eine Anspielung auf Hitchcock: Wenn Laurenti und sein Assistent Sgubin nach einem schnellen Kaffee die Mala-Bar verlassen, bleibt an der Theke (am Tresen) einsam ein nachdenklicher Gast übrig: Veit Heinichen.

Armer Armin

Ruth Drexel und Resi Berghammer sind nicht mehr: Mit diesem natürlichen Tod haben jetzt schlagartig auch die vielen Morde in Bad Tölz ein Ende. Aber Ottfried Fischer ist ja zum Glück enorm wandlungsfähig, und er hat meinen oben stehenden Rat befolgt. Genauso glaubhaft, wie er einen bewegungsunfähigen, übergewichtigen Kriminalkommissar darstellen kann, kann er einen bewegungsunfähigen, übergewichtigen Journalisten oder einen bewegungsunfähigen, übergewichtigen Pfarrer verkörpern.
Prälat Hinter, Baugauner Rambold, Resi und Sabrina ersetzt man durch Bischof, Büttel Mühlich, Pfarrersköchin und Mesner, und schon geht's weiter. Nette Nebenrollen! Nur bei einem wächst Folge für Folge mein Mitleid mittlerweile ins Unermessliche: mit dem armen Mesner Armin Kappl. Eine Nebenrolle mit so wenig Text, so engem, klischierten Korsett und so extrem wenig Entwicklungspotential habe ich noch selten gesehen. Folge für Folge erblickt er beim ersten Auftritt irgendeine Winzerkönigin, setzt einen dämlichen Grinser auf, und schon sind sie unsterblich verliebt. Dann schmust er sich durch die neunzig Minuten, spioniert nebenbei ein bisserl mit der Taschenlampe herum, am Ende will sich die Winzerkönigin doch lieber selbstverwirklichen, Armin muss übersiedeln und kommt wieder nicht zum Schuss. Mittlerweile ist dieser Mesner das Paradebeispiel für einen schweren Neurotiker! Ich fordere vom Drehbuchautor, Armin dringend zum Therapeuten zu schicken. Sonst ist beim nächsten Mord der Mörder der Mesner!

Kottan

Große Freude! Kottan soll auferstehen! Und – wie Regisseur Peter Patzak sagt – alle vom alten Team, die noch leben, sollen wieder mit dabei sein! Allerdings sind leider die meisten schon gestorben: Polizeipräsident Pilch, Schrammel, Schremser – und übrigens leider auch Helmut Zenker, der Autor, der, wie Insider wissen, für das Zustandekommen eines (Dreh-) Buches auch nicht völlig unerheblich ist ...
Der wahrscheinlich allerwichtigste Nebendarsteller aller »Kottan«-Folgen hingegen war immer schon kaputt: Der Kaffeeautomat! Wenn Sie, lieber Peter Patzak, vor Drehbeginn auf der Suche nach geeigneten Locations und geeigneten kaputten Kaffeeautomaten sind, kommen Sie doch zu mir! Ich empfehle Ihnen den seit Jahren hartnäckig kaputten Kaffeeautomaten im Saunabereich des Hallenbads Klagenfurt! So kaputt müssen andere Kaffeeautomaten erst einmal werden!
Wissen Sie, in einem Land, in dem die Landesbank fahrlässig Milliardenverluste baut, die Bayern auslacht und sich von Wien retten lässt, da kann man nicht auch noch den Kaffeeautomaten reparieren, wenn das Hallenbad ohnehin in zehn Jahren abgerissen wird! Aber jeden Sonntag klebt ein anderer Zettel am Automaten: »Automat defekt!«, »Kakao kaputt!« und letztens ganz verzweifelt: »Es geht nicht!« Also, komm Kottan! Ermittle! Ruckzuck!

Wallander

Meine Tochter T. ist abgängig. Zuhause hat sie nicht übernachtet, bei ihrem Freund auch nicht. Der ruft uns zu Mittag an, ob wir wüssten, wo sie ist. Wir dachten, sie sei bei ihm. Nein, sie war abends mit X. bei einem »Fall out«.
Eine fremde Stimme ruft von T.'s Handy an: Sie habe Handy und Handtasche in einem Park gefunden. Dann ist der Akku leer. Wir rufen UKH und LKH an. Weder da noch dort ist T. eingeliefert worden. Zur Polizei mit Lichtbild. Es habe bei dem Fall out gestern um 2.00 morgens einen Polizeieinsatz gegeben, aber von T. wisse man nichts. Da T. volljährig (18,5) ist, Vermisstenanzeige erst nach 24 Stunden Abgängigkeit. Aber so etwas ist noch nie vorgekommen, sagt meine Frau. Ich habe Knie wie Marillenmus.
Die Polizei verrät uns die Adresse von X. Wir ermitteln auf eigene Faust, suchen eine ganze Stunde: X. wohnt in einer Straße ohne Straßenschild. Wir läuten, die Mutter öffnet, gediegenes bürgerliches Wohnzimmer, am Lesetisch Daniel Glattauer und Frank McCourt. Alle sind betreten. X. ist um 4.00 mit dem Taxi heimgefahren, T. habe ihre Handtasche verlegt und sei noch mit Y. mitgegangen etc. Wer ist Y.?
Am späten Nachmittag kommt T. heim. Sorry, sie habe verschlafen. Wir haben uns zu Tode gesorgt, sagen wir. Krass, was daheim abgeht, sagt sie. Ihr schaut zu viel Wallander!

Ruster Leiche

Zu einem gelungenen Wochenende gehört ein Sonntagabendmord. Während man die Wiederholmorde von Columbo und Monk als Schlaf-mittel einnimmt, ist der »Tatort« am Puls der Zeit. Je nördlicher der Tatort, desto brutaler die Tat und trockener die Kommissare.
Aber während in Deutschland jede Region und jede Stadt selbstverständlich ihre eigenen Ermittler haben, geht in Österreich auch kriminalpolizeilich ohne Wien überhaupt nichts, und weil die Kollegen in den Bundesländern offenbar zu naturtrüb sind, um einen Fall selber aufzuklären, ist hier der Wanderkommissar unterwegs: Wie Mutter Courage dem Krieg, so reist Harald Krassnitzer den Morden als Nachhilfe Sonderermittler nach. Aber selbst der ist so unterbeschäftigt, dass er zwischen den Provinzmorden in Oberösterreich oder Tirol auch noch im Burgenland als Winzer jobben muss: Tu felix Austria!
Praktischerweise findet in Rust, wenn Harald Krassnitzer da ist, niemals ein Mord statt, höchstens ein Mordsspaß, zum Beispiel die Ruster Bürgermeisterwahl, für die es eine eigene TV-Konfrontation gibt! Das wird ein Quotenhit. In Rust gibt's keine Leiche, höchstens einmal eine Saufleiche. Da muss man nicht lang ermitteln. Es wird ein Wein sein, und wir werden nicht mehr sein.

Tatort

Winterzeit ist Tatortzeit. Seit Weihnachten ist kaum ein Tag vergangen, an dem nicht auf irgendeinem Sender irgendeine »Tatort«-Folge gesendet wurde; bei einer »langen Tatortnacht« sogar drei »Tatorte« unmittelbar hintereinander.

Direkt auf einen aktuellen Fall der Kölner Würstelbudenobdachlosen Ballauf und Schenk folgte der mittlerweile dreißig Jahre alte Klassiker »Reifeprüfung« mit der jungen Nastassja Kinski als Mitschüler ermordende Lehrerverführerin. Die gute Nachricht: Die Kinski ist immer noch so schön wie damals (no na!). Aber sonst? Was für langsame Schnitte. Was für karge Dialoge, von üppigem Schweigen umrahmt! Was für bedeutungsschwer lähmende Blicke in die Landschaft! Anfang der 80er dürfte die Gesellschaft weniger an Burn-out als an Bore-out gelitten haben. Es gab keine hochverdächtigen, letztlich aber stets unschuldigen Immigranten. Es gab gar keine Immigranten, dafür jede Menge unverdächtige Kettenraucher.

Der damalige Ermittler, ein Berti-Vogts-Verschnitt, hatte nicht nur kein Privatleben, sondern auch noch keine Neurosen! Außerdem: keine Handy-Anruflisten, keine pathologischen und ballistischen Sensationen, keine Speichelproben, keine DNA-Analysen. Nur die Morde bleiben dieselben. Wie sagte schon Berti Vogts zu Kinskis Lehrer: »Ich glaube überhaupt nicht, dass Menschen andere Menschen töten. Aber man wird ja immer wieder eines Besseren belehrt.« Der Satz war topaktuell.

Kooperation

Das heurige Osterwunder war, dass erstmals in der Geschichte des Fernsehens zwei »Tatort«-Duos kooperierten und in einem sehr komplexen Fall (Straßenkinder) gemeinsam ermittelten: Köln und Leipzig! Das ist ja wie Weihnachten und Ostern zusammen!
Wenn das Schule macht und Welt und Gesellschaft immer schlechter, böser, unmenschlicher werden, könnten bald Leipziger, Kölner, Münsteraner und Berliner gemeinsam ermitteln. Dann müsste es natürlich schon um ein sehr komplexes Verbrechen wie zum Beispiel Drogenhandel und Drogenkartelle gehen. Oder es ermitteln überhaupt Leipziger, Kölner, Münsteraner, Berliner, Ludwigshafner und Konstanzer gemeinsam, dann müsste es aber um ein so komplexes Thema wie Zwangsprostitution und Menschenhandel gehen.
Oder es ermitteln wirklich alle Serienhelden, außer Leipzigern, Kölnern, Münsteranern, Berlinern, Ludwigshafnern und Konstanzern auch die Münchner, die Wiener und selbstverständlich eigene »Tatort«-Duos von Steirern und Kärntnern. Dann müsste es freilich schon um so undurchsichtige Ungeheuerlichkeiten wie inter-nationales Finanzspekulantentum, Geldwäsche, Kor-ruption und Machtmissbrauch gehen. Aber das wäre vielleicht doch etwas weit hergeholt ...

Sherlock

Die gute Nachricht: Sherlock Holmes ist auferstanden! Der Consulting Detective ermittelt nun im London des 21. Jahrhunderts (dem seltsamerweise der Nebel abhanden gekommen ist) irgendwo zwischen London Eye und New Wembley. Heute sitzt er (gemeinsam mit Watson) am PC, mailt, googlet, surft im Internet.
Nach wie vor besitzt Holmes ein fotografisches Gedächtnis und kann aus nichtigsten Details gigantische Rückschlüsse ziehen. Nach wie vor benimmt er sich Frauen gegenüber wie ein Holzklotz und lacht oder lächelt so gut wie nie. Dass er das Geigequälen gelassen hat, ließe sich verkraften. Aber die schlechte Nachricht: Holmes hat zu rauchen aufgehört. Jedenfalls sieht man ihn weder mit Pfeife noch mit Zigarette (vom Kokain ganz zu schweigen). Und das Allerallerschlimmste: Es hat dem armen Sherlock die Deerstalker-Mütze davongeweht!
Aber er lebt! Ich sehe vor meinem geistigen Auge den (gerade bei den deutschen Kritikern) großen Bernhard Shaw und Sir Arthur Conan Doyle in einem ihrer medialen Dispute verwickelt. Shaw (und nicht nur er) hat Conan Doyle immer für einen zweitklassigen Schriftsteller gehalten! Aber der ist noch 100 Jahre später sonntagabends auf ARD! Und wo ist Shaw? Nichts zu hören seit dem Song Contest!

Gewalt

Letzten Montag versuchte ich, bei möglichst vielen Morden mit dabei zu sein. Das war ganz schön stressig! Ich begann um 16.35 auf Puls 4 mit »Der Mann aus der Todeszelle«, gefolgt von »K11 – Kommissare im Einsatz: Tödlicher Autobahnraser« (17.30) und »Die gequälte Tänzerin« (18.00). Dann schnell umschalten auf Sat1 – um 19.30 ist »K11« nochmals im Einsatz.
Extremstress um 20.15, ständig zappen zwischen
ORF 1 (Das CSI-Team wird ins Haus von Gary Hall zur Leiche seiner Nochehefrau gerufen),
ZDF (in einer Wohnanlage sind innerhalb von 24 Stunden die junge Dinah und ein Stadtstreicher ermordet worden)
VOX (Dana Melton unter Mordverdacht), außerdem fliegen auf Kabel 1 bei James Bond die Fetzen und die Leichen – und man will ja keinen Tropfen Blut versäumen!
Um 21.00 mischt sich auf NDR auch noch der Mord am Ex-Eiskunststar.
Schnell zurück zu VOX (»Mord à la carte«, 21.15), ZDF (Serienmörder Zodiac, 22.15), Puls 4 (Kutschermord im Central Park) und ORF (»Der Handymörder« 23.20).
Etc. – 2 Dutzend Leichen bis zum Schlafengehen!
Anderentags las ich in der Zeitung, dass eine Gruppe Jugendlicher einen mittelalten Familienvater in der Innenstadt vor den Augen ratloser Passanten krankenhausreif geprügelt hat: Ein Reality-Format, aber eine Low-Budget-Production! Das kommt davon, wenn man unterwegs ist, anstatt fernzusehen!

Trara, trara, die Hochkultur!

Schlüssel.art

»Treffpunkt Kultur« ist tot. Es lebe »lebens.art«. Jetzt ist alles anders, und auch Literatur kommt wieder vor. Die Seher werden vorsichtig zu diesem heiklen Thema hingeführt. Zu Robert Menasses neuem Roman »Don Juan de la Mancha« erklärt Frau Stadler fachkundig, dass sich im Titel die beiden archetypischen Figuren von »Don Giovanni« und »Don Quichote« verbergen. Nein! Echt? Da wäre ich von allein nie draufgekommen! So wie der ORF das Niveau seiner Seher einschätzt, würden die ohnehin nie ein Buch kaufen, und in eine Buchhandlung müssten sie eingeliefert werden wie in eine Intensivstation.
Dann Thomas Glavinic: ein Buch über den Neid auf seinen fürchterlich erfolgreichen Kollegen Kehlmann. Ein »Schlüssellochroman«. Und was zeigt man mir als optische Illustration des Wortes »Schlüssellochroman«? Einen in der Finsternis rasselnden Schlüsselbund! Seither frage ich mich, was der ORF mir damit sagen will? Dass man in ein Schlüsselloch einen Schlüssel steckt? Dass man in einen Schlüssellochroman einen Schlüsselbundroman steckt? Dass es den zwar gar nicht gibt, aber dass die Erfindung des Schlüsselbundromans ein Schlüsselroman der Moderne wäre? Aber warum zeigt man mir nicht einfach ein Schlüsselloch? Oder will »lebens.art« mir einfach gar nichts sagen? Oder bin ich so viel Bildungsfernsehen einfach nicht mehr gewohnt?

Curling

War das ein spannender Montagabend! Das erste reine Literaturmagazin des ORF seit Erfindung des Buchdrucks! Leider musste diese epochale Errungenschaft wegen einer unvorhergesehenen Überflüssigkeitsdemo von Westenthaler, Strache, Cap und Schüssel von 23.00 gleich auf Mitternacht verschoben werden.
Aber bitte, die Sache ist gut gemeint, und Dieter Moor hat seine heikle Aufgabe als Moderator ohne Peinlichkeit gemeistert. Trotzdem fühlt man sich bei der Sendung ein bisschen an den Versuch des sudanesischen Rundfunks erinnert, für seine Seher eine Dokumentation über Curling zu produzieren. Einerseits ist wichtig, dass es Literatursendungen überhaupt gibt. Andererseits ist der Krampf bei ihnen der: Leute, die sich nicht mit Literatur beschäftigen, interessiert so was nicht. Und Leute, die sich mit Literatur beschäftigen, interessiert so was auch nicht: Ob jemand im Grazer Publikum Hesses »Steppenwolf« in einem einzigen Satz beschrieben erkennt – das ist mir gegen 1 Uhr früh vor dem Fernseher ziemlich wurst.
Zwei Dinge habe ich mitgenommen: 1. Dicke Bücher können auch gut sein. 2. Umberto Eco hat zugenommen. 3. Mein Literaturfreund Fabjan Hafner hat neben Altmeister Schmidt-Dengler, dem die witzige Stilblüte »stilistische Stilblüte« passiert ist, gute Figur gemacht. Bravo, Fabjan!

Ordnung

»Les.art«, die Literatursendung für Nichtleser, steht wieder am Programm. Ob man es glaubt oder nicht: Auch für ein Literaturmagazin gibt es ein eigenes (Dreh-) Buch, immerhin 8 Manuskriptseiten stark.

Der Allzweckintellektuelle Dieter Moor spricht nicht so frei und locker vom Hocker, wie es nichtlesenden Zusehern scheinen mag, sondern hat seinen Text, wie er im Buch steht, (auswendig) gelernt und spult nun vor der Kamera seine Rolle ab, Wort für Wort und Satz für Satz. Frei sind auch die freien Autoren, unabhängig die eingeladenen unabhängigen Literaturexperten nicht. Sie dürfen ein, zwei Standardsätze sagen, die aber nur dazu dienen, von einem Textblock Moors zum nächsten überzuleiten. Unvorhergesehenes, Spontanes, Eigenwilliges dürfen sie nicht sagen, sonst machen sie das Drehbuch kaputt. Diskussionen, Kontroversen sind nicht vorgesehen in einer Sendung über eine Kunst, die von Diskussionen und Kontroversen lebt und sich nicht an die Hand eines Führers nehmen lassen will.

Es muss auch noch Platz sein für »das überschätzteste Buch der Saison« (Und wen nimmt man? Köhlmeier? Menasse? Geiger? Nein, einen Herrn Sauper, von dem nicht nur Nichtleser, sondern auch Leser nie etwas gehört haben. So tapfer ist der ORF!) und das »literarische Rätsel«. Z. B.: Von wem ist der Satz: »Irgendwie geht Ordnung in das Bedürfnis nach Totschlag über.« (Robert Musil)

Zoglauers Lust

Die Sommerfestspielsaison ist eröffnet, und damit naht auch wieder die große Stunde meines Lieblingskulturreporters, the one and only Franz Zoglauer, die perfekte Mischung aus Peter Elstner, guter Gesell, Leporello und Grillparzers Putzfrau.
Sinnloser als hechelnde Fußballer beim Pausen-O-Ton (»Wir sind zu weit weg vom Mann gestanden; Wir müssen mehr über die Flanken kommen ...«) sind nur Heldentenöre und Operndivas beim Flashinterview hinter der Bühne nach dem ersten Akt. Aber der ORF will es so, und Franz Zoglauer, everybody's Bückling, entledigt sich seiner Aufgabe mit Anstand, Würde und der nötigen Portion Verzweiflung. »Herr Onegin, wie war's bis jetzt?« »Tja, jeder in dem Stück rennt einer Sehnsucht hinterher, die sich nicht erfüllt!« »Was muss sich nach der Pause ändern?« »Nichts. Jeder rennt weiter hinter einer Sehnsucht her, die sich weiterhin nicht erfüllt.« Zoglauer schluckt. Da kommt die Bussi-Bussi-Anna dahergestöckelt – »Frau Netrebko, was macht die Stimme?« –, würdigt Zoglauer keines Blickes, fächert ihn weg wie ein lästiges Insekt; Zoglauer verschluckt sein Mikro, das Elend leuchtet aus seinen Augen. Der Regisseur schwenkt um zur Shakespearefigur der Nation, Barbara Rett. Ihr Blick sagt wie immer: »Die Guillotine lauert, aber ich trag's mit Fassung!« Sie aber sagt: »Frau Netrebko will nicht gestört werden. Das verstehen wir!« Wir auch.

Alles falsch

Mit Operetten ist es so: Entweder man mag sie, oder man mag sie nicht. Ich mag sie nicht, weil sich da »Morgen« auf »Sorgen« reimt und die Operetten so leicht und seicht daherkommen, aber in Wirklichkeit sind sie genauso leicht und seicht. Noch weniger als Operetten mag ich nur Musicals.

Das weiße Rössl am Wolfgangsee am Neusiedlersee ist, glaubt man den Pauseninterviews, eine Mischung aus Operette und Musical, genaugenommen aber weder das eine noch das andere, sondern bloß ein Singspiel. Im Milos-Forman-Film nennt übrigens Amadeus persönlich seine »Zauberflöte« »bloß ein Singspiel«. Aus diesem Grund hat sich Barbara Rett bei der Mörbisch-Premiere in der Pause gedacht: Ich gebe diesmal den Papageno.

Echt sind die Gelsen: Wunderschön wie das Negativ des Firmaments zeichnen sie sich bei der Liveübertragung als zahllose pechschwarze Pünktlein auf schneeweißen Sakkos des Co-Interviewers ab. Aber sonst ist alles falsch: Nicht nur die absurde Zeichnung sämtlicher Figuren und Charaktere, nicht nur der Wolfgangseeneusiedlersee, nicht nur eine Tirolerin, die den Erzherzog-Johann-Jodler gibt, nicht nur trällert einer unter stockfinsterem Nachthimmel »Die ganze Welt ist himmelblau«. Der Gipfel der Falschheit: Rainhard Fendrich will Peter Alexander geben, gibt aber Heinz Conrads! Das war nicht sehr schön. Das hat mich nicht gefreut.

Künstlersterben

Stirbt in Österreich ein Künstler aus der Musikbranche, und sei er auch schon jahrelang in Vergessenheit geraten und in den Versenkungen von Rundfunk und Fernsehen verschwunden, dann geht es medial ziemlich stereotyp zu: In großer Hektik ändert der ORF sein Programm, kramt im Archiv nach jahrealten Kurzinterviews oder O-Tönen, nach Nebenrollen in no-budget-productions und sendet sie »in memoriam«. Schwuppdiwupp schält er aus dem Versunkenen die »Legende«.

Anschließend kommen Zeitzeugen zu Wort, die ab dem Eintritt des Todes für Flashinterviews parat stehen. Es sind immer dieselben Zeitzeugen, Wegbegleiter, Totenvögel, und sie sagen auch immer dasselbe: Der Verstorbene sei »der Größte« gewesen, zu groß für die Heimat, zu klein für die Welt (aus der »bürgerlichen Enge« in die unendliche Weite der Drogenersatzprogramme gewechselt). Der Verstorbene sei bloß »im falschen Land« zur Welt gekommen: In England oder Amerika wäre er ein Star geworden (warum habe ich bloß den Eindruck, die Totenvögel sprächen von sich selbst, wenn sie schon einmal die Gelegenheit vor der Kamera dazu haben), jetzt aber spiele er »in einer Himmelsband« mit den letzten und vorletzten Verstorbenen (und außerdem Hendrix und Mozart).

Wenn in Österreich ein Schriftsteller dieser Größenordnung stirbt, ist er nicht nur für die Welt, sondern auch für die Heimat, den ORF und seine In-memoriam-Archive zu klein. Der sitzt in keiner himmlischen Bibliothek und in keinem himmlischen Literaturhaus. Der ist einfach tot.

Der »Kulturmontag« wird uns präsentiert von Mercedes Benz. Das ist eine Richtungsentscheidung. Schon Georg Büchner hat ja gesagt: Friede den Minimetros, Krieg den Rolls-Royces! – So oder so ähnlich halt. Ich, ein österreichischer Künstler, kann mir nie und nimmer einen Mercedes Benz leisten, sollte also aus Protest abschalten, geniere mich aber, schaue den »Kulturmontag« und höre, wie Martin Traxl Martin Kušej fragt, ob er sich wirklich aus Österreich zurückziehen will und was denn in Deutschland besser sei?
Kušej: »Besser ist dort nichts, aber in Deutschland bekommt man wenigstens kein Hackl ins Kreuz!«
Traxl sagt ungerührt »aha«, nickt und stellt mit der größten Selbstverständlichkeit die nächste Frage: »Kannten Sie Wendelin Schm …«
HALT!, denke ich, ALARM! Jetzt müsste eine rote Lampe blinken, ein rotes Telefon schrillen! Hier müsste man rückfragen, nachstoßen! Hier liegt einem eine Wahrheit auf der Zunge! Die muss man runterholen! Wer wirft in Österreich Hackl? Wo? Wann? Warum? Endlich könnte es spannend werden!
Aber nein! Nichts da. Wer braucht schon Diskussionen, Kontroversen, böses Blut, Streitgespräche, unangenehme Wahrheiten in einer Sendung, die Mercedes Benz sponsert! Friede den Palästen, denkt der Moderator. Er sitzt ja selber in einem.

»ER bleibt sich selbst treu und tut das, was er schon immer getan hat: anschreiben gegen die mörderische Monotonie der Zeitungs- und Fernsehsprache«, heißt es in der eben erschienenen Handke-Biographie von Malte Herwig. Und das Fernsehen reagiert wie immer, wenn etwas von oder über Handke erscheint, bedingt reflexartig und bittet untertänigst um ein Interview.
(Wer könnte den Flug der Redakteurin vom Küniglberg in Handkes Vorstadtgärtchen in Chaville bloß bezahlen? Ah ja, wir!). Also, wie hat dem Meister seine Biographie gefallen? »Ja, Katja Gasser, wissen Sie, das Entscheidende bei solchen Büchern ist, wie man die Dinge gewichtet«, sagt Handke im Fernsehen. Und da ist alles falsch gewichtet! Alles falsch! (Naja, alles andere hätte mich aus seinem Mund auch gewundert ...) Handke schiebt das Buch über ihn mit verächtlichem Blick und einer wegwerfenden Handbewegung zur Seite: »Das ist halt eine Ware.« Für den Verkauf dieser Ware ist ein Interview in der ZIB (nicht bloß in einem Late-Night-Format für hartgesottene Unentwegte) natürlich Goldes wert.
So ist es dem Fernsehen zu verdanken, dass eine breite Leserschaft erfährt, dass es das gibt: die mörderische Monotonie der Fernsehsprache ...

Hofmannsthals Ende

Schön, dass der ORF die Premiere der Mutter aller Sommertheaterstücke gesendet hat! Nun können auch die an Domplatzangst leidenden Österreicher daheim auf der Couch in der Dichtkunst ihrer Kulturnation schwelgen:
»Ich bin der Teufel aus der Höll'/ und hol den Jedermann jetzt schnöll!« (Trara, trara, die Hochkultur!) Genauso berührend: »Ich wasch' in Unschuld meine Händ / als einer der die Sach' nit kennt.« Und besonders publikumswirksam: »Ich trink jetzt einen Becher Wein / Der macht das Hirn von Dämpfen rein.« Die Stolperreime stammen aber nicht von Repetenten der Hauptschule Hinterstoder, sondern von Hugo von Hofmannsthal. »Meine Red' ist dir verdrießlich sehr / das macht mich doppelt kummerschwer«: Genau! Aber ein schönes Indiz, dass auch ein wirklich mieses Stück Kultstatus bekommen kann, ist man bloß hartnäckig!
Am besten an Hofmannsthal gefällt mir übrigens der Roman »Fliegenpalast«, den Walter Kappacher über ihn geschrieben hat. Wenn einmal nix im Fernsehen ist: heißer Tipp! Selber gestorben ist der Schöpfer des Spiels vom Sterben des reichen Mannes übrigens am Weg zur Beerdigung seines Sohnes, der sich umgebracht hatte. Gut zu wissen.

Als ich letztes Jahr über die hölzerne Sprache und die rustikalbarocken Stolperreime des »Jedermann« genörgelt habe, schrieb mir eine Leserin, ich möge doch nicht so streng sein! »Tradition sei eben Tradition!«
Gut. Übers Jahr habe ich aber herausgefunden, dass

mein geliebter Geistesgroßvater Alfred Polgar – ein Zeitgenosse Hofmannsthals – das Spiel vom Sterben des reichen Mannes bekrittelt hat – mit dem einleuchtenden Argument, dass eben gerade nicht jedermann Jedermann ist. Bei einem armen Schlucker, so Polgar, hätte der Himmel keinen solchen Aufwand getrieben. Auch der Tod hätte sich nicht in Debatten eingelassen und Fristen gewährt, sondern geraunzt: »Kommen S' mit« und fertig.
Mit etwas Goodwill könnte man das Reimgerassel aus heutiger Sicht als frühe, milde Kritik am Turbokapitalismus interpretieren. Aber wüssten sie, dass die »Jedermann«-Übertragung neuerdings von einem global agierenden Elektrokonzern »gepowert« wird und man bei einem »Gewinnspiel« dank des Moguls auch ein »feierliches Abendessen« nach dem Spiel gewinnen kann, würden sich nicht nur Hofmannsthal und Polgar im Grab umdrehen, sondern auch Jedermann.

Claus Peymann, senil gewordenes Nebenkrokodil im postumen Thomas-Bernhard-Kasperltheater und anlässlich der unvermeidlichen, aber inhaltsleeren dekadischen Terminerregung (Thomas Bernhards Achtziger) als Studiogast zu einem kraftvollen, aber zahnlosen Nostalgiezubeißen geladen, verunglimpft bei »artgenossen« den Publizisten Franz Schuh (der argumentiert hat) als »Zwerg« (nebenbei gesagt: wirklich schlecht beobachtet, Herr Peymann!), Werner Schneyder (der argumentiert hat) als »Lemur« (wie originell!), »der beim Boxen bleiben soll«.
Moderator Martin Traxl, untertänig beliebig, »lässt das einmal so stehen«. Franz Schuh und Werner Schneyder – die sich als Quotenkleingegner einspannen lassen haben: Viele dürfte die Redaktion für den eingespielten Clip nicht aufgetrieben haben – bekommen keine Gelegenheit, sich gegen die Besudelung zu wehren: Sie waren nicht geladen. Dabei hätte die Konfrontation Unterhaltung und Erhellung versprochen. Aber wie seit Jahrzehnten scheut der ORF gerade in der Kultur den offenen Schlag(wort)abtausch, mauschelt ihn schmunzelnd weg und diktiert das ihm Genehme.
Und dafür, dass er sich in absentia unqualifiziert herunterputzen lässt, darf Werner Schneyder wieder einmal einen »Club 2« moderieren, bei dem das aufgetischte Thema längst nicht so brisant ist wie das unter den Tisch gekehrte. Zu Thomas Bernhard wurde gerade eben (2011) ein »Club 2« gesendet. Aber einer aus dem Jahr 1990.

Mahler auf der Couch

Der hundertste Todestag Gustav Mahlers ist vorbei, und etliche Sender – auch der ORF – zeigten, wenn auch zu nachtschlafender Zeit, Percy und Felix Adlons Film »Mahler auf der Couch«, der das (wirkliche) Zusammentreffen von Mahler mit Sigmund Freud im holländischen Leiden thematisiert.

Im Vorspann steht: »Dass es passierte, ist verbürgt. Wie es passiert ist, haben wir erfunden.« Den halte ich für einen künstlerisch sehr wertvollen Leitsatz und den Film trotz mancher Klischees und dramaturgischer Inkonsequenzen für besser als von der Kritik vermittelt – schon wegen großer Schauspielleistungen. Johannes Silberschneider gibt einen sehr glaubhaften Mahler, Karl Markovics einen – zumindest denkbaren – Freud.

Markovics hatte es schwerer, denn einerseits war Freud hier die Nebenrolle, andererseits schaute aus Freuds Augen zwangsläufig auch immer der Stockinger heraus, und man wartet unwillkürlich, dass Freud während der Analyse endlich den Hund füttert.

Dass die Maiernigger Mahler-Villa nicht die echte war, mag angehen. Die steht ja heute in Privatbesitz. Aber dass man den Wörthersee nicht mit dem Wörthersee besetzt hat, ist unverzeihlich! Übrigens: Das ist zwar nicht verbürgt, aber im Film sind sowohl Analytiker wie Analysierter bei der Analyse eingeschlafen ...

Neues Buch

»Stell dir vor«, sagt Wolfgang Ambros, ein Leben lang bekannt für Dreiminutentexte, seinem Kollegen Fendrich beim dritten Bier. »Jetzt hab ich ein ganzes Buch geschrieben, noch dazu zu einem so schwierigen Thema wie meiner Biographie, und leider kräht noch kein Hahn danach. Ein einziges Interview bei dieser Frau Stöckl ...«

»Das musst du nutzen!«, erklärt Fendrich: »Zieh über mich her!« – »Darf ich?« – »Klar. So richtig tief! Auf Revanche natürlich, wenn ich PR brauche. Und es nützt ja auch mir, wenn du mich beflegelst.« – »Was soll ich sagen?« – »Wuaschd. Irgendwas. Alkohol. Tussis. Steuer. Schnee. Wirst sehen, wir sind über Nacht auf jeder Adabeiseite, am »Österreich«-Titelblatt, bei Stermann und Grissemann ... Gut fürs name-dropping wär's natürlich, über deine Ex auch herzuziehen ...« – »Ich ruf gleich an! Du, Exschatzi, darf ich über dich herziehen? Kriegst 50 Bücher! Super Weihnachtsgeschenke! Ma danke, Bussi!«

Wenn Sie, liebe Leser, demnächst irgendwo lesen, dass Josef Winkler über mich (neuer Roman! Jetzt im Handel!) herzieht, oder ich über Josef Winkler (neuer Roman! Jetzt im Handel!), passiert das nicht, um mediale Aufmerksamkeit zu heischen. Das ist natürlich total ernst ... Hallo? Frau Stöckl? Ja, ich komme gern ...!

Sein oder Nichtsein

»Du, Onkel«, fragte mich mein Neffe, als ich in Gedanken gerade ein Statement zum Bildungsvolksbegehren zusammenbastelte, »Sein oder Nichtsein: Das hat doch der Terminator gesagt, oder?«

Er saß – wie eigentlich seit seiner Geburt ununterbrochen – vor dem Fernseher. Es lief – wie bei 12-jährigen üblich – aber weder 3sat noch arte, und mein Neffe sah vor dem Fernseher auch nicht wirklich fern, weil er gleichzeitig auf Facebook war, in die Tastatur seines Laptops klopfte, ins linke Ohr einen iPhone-Kabelstöpsel, ins rechte einen iPod-Kabelstöpsel gestopft hatte. Seine Eltern, die in dieser Woche beide ein Kompetenzorientierungsseminar absolvierten, hatten mir ihren Sohn bereits so zur Aufbewahrung gebracht.

Da mir selbst wie wild googlend zu meiner Verzweiflung nichts wirklich Erhellendes zum Bildungsvolksbegehren einfallen wollte, was nicht bereits zitiert oder gestohlen gewesen wäre, hatte ich nicht die Nerven, mich um das Bildungsniveau entfernter Verwandter fremder Generationen zu kümmern, und wollte schon sagen: »Klar. Wer sonst?«

Aber dann nahm ich mir doch ein Herz, ließ den Neffen für sein Leben lernen, nahm die Mühe der Korrektur auf mich und sagte: »Nein, Bub, das ist von Roland Emmerich!«

Kuppelporno

Dienstagabend. Österreichisches Staatsfernsehen: drei Pornos in einer Sendung: Kennenlernporno. Brautschauporno. Schlussmachporno. Wie sollte man das auch anders nennen, wenn man gegen Honorar andere Menschen bei seinen persönlichen Angelegenheiten zuschauen und zuhören lässt, die sie wirklich nicht das Geringste angehen?

Das Totschlägerargument des Gebührensenders mit dem Kulturauftrag ist stereotyp das: Die private Konkurrenz treibt das Niveau nach unten und uns vor sich her.

Na gut, aber zeitgleich findet in Salzburg das Spiel des reichen Mannes statt, es heißt ServusTV. Der reiche Mann hat offenbar gelernt, beizeiten »Werke« zu sammeln: Dienstagabend zum Beispiel »literaTour« – ja, man höre und staune: eine Literatursendung. Ein Moderator (Thomas Rottenberg) spricht ganz unspektakulär, unaufgeregt, unaufdringlich und ohne sich selbst inszenieren zu müssen, einfach ein halbes Stünderl mit zwei Autoren, letztens übrigens mit Walter Kappacher, dem würdigen, stillen Büchnerpreisträger, der eine Erzählung über Hugo von Hofmannsthal geschrieben hat: Da hat sich also auf wunderbare Weise ein Kreis geschlossen ... Die einfachsten Konzepte sind immer die besten! Würde sich das Staatsfernsehen bloß hier einmal vor sich hertreiben lassen!

Die interviewten Schriftsteller bekommen übrigens kein Honorar, nur einen Spesenersatz. Aber sie sind ja auch keine Pornomodelle.

Kabarett

Meine erste Lesung auf deutschem Boden hatte ich in Wiesbaden. Knapp vor Beginn klingelte es beim Veranstalter, und er bejahte die Frage des Anrufers, ob es denn heute Abend Kabarett gäbe. Mit meinem verdutzten Blick konfrontiert, rechtfertigte sich der Mann, er nenne jede Art von Veranstaltung von Lesung über Vortrag bis hin zur Diashow prinzipiell »Kabarett«: Nur so kämen heute noch Leute! Tatsächlich hatte ich, obwohl in Wiesbaden völlig unbekannt, ein volles Haus. Das ist jetzt 20 Jahre her, aber daran musste ich unwillkürlich denken, als ich unlängst unter dem Titel »Sommerkabarett« im vollbesetzten Wiener Orpheum auf der Bühne ein angedeutetes Wohnzimmer sah, in dem der Kabarettist Lukas Resetarits saß und sich Ausschnitte seiner eigenen alten Kabarettprogramme ansah. Wieder einmal musste ich mir beim Fernsehen augenreibend denken: Das gibt's doch einfach nicht! Was treibt einen gesunden, zurechnungsfähigen, wahlberechtigten und nicht teilentmündigten Menschen dazu, so etwas zu tun?

Ich meine nicht den Konservenkabarettisten, der ist eben eitel wie alle Künstler und kriegt noch dafür bezahlt. Ich meine das Publikum, das extra zum Orpheum fährt und für die Konserve Eintritt bezahlt! Liebes Publikum, bitte erklär mir das. Am besten gleich bei meiner nächsten Lesung, ähm: Kabarett.

Poet Falco

Ich erinnere mich: In seinem letzten Fernsehinterview bedauerte der große Falco (der damals ziemlich vergessen, also noch nicht gestorben war, um zu leben) die Vergänglichkeit von Liedern und beneidete die Literaten und Dichter darum, dass ihre Bücher Bestand hätten und »blieben«. Falcos Gastauftritte in der »Schule der Dichtung« (aus der übrigens, wenn ich mich nicht täusche, kein einziger berühmter Dichter hervorgegangen ist) waren nur ein schwacher Trost.

Jetzt gibt es um seinen Todestag herum jährlich In-memoriam-Dokus ohne Ende (meistens wird auch termingerecht irgendein supersupergeheimes Musikfundstück hervorgekratzt, mit dem man ein bisserl Geld machen kann), diesmal gab es gerappte Germanistik, pro Germanist ein Satz, pro Adabei ein Adjektiv.

Die zeitgenössische Germanistik kommt dabei zu so verblüffenden Erkenntnissen wie der, dass Liedtexte prinzipiell Texte und Texte prinzipiell Literatur sind. Daraus wiederum ergibt sich zwingend: Falcos Texte sind Literatur, Falco ist ein Literat. Na bumm! Ein Adjektiv bleibt leider ein Adjektiv und nichts weiter, auch wenn Paulus Manker ein noch so bedeutungsexplodierendes Gesicht dazu schneidet. Um zu zeigen, was er so draufhat, kommt ein Germanist natürlich auch auf Baudrillard, Ödön von Horváth und und und. »Who cares?«, um es mit Falco zu sagen ... Als ich in den Achtzigern des letzten Jahrhunderts Germanistik studierte, war Falco gerade am Höhepunkt seiner Karriere: »Jeanny«, »Amadeus«, »Vienna Calling«, »Helden von heute« wurden, wie es hieß, »rauf und runter gespielt«. Aber keiner der stocksteifen Germanisten wäre auf die Idee gekommen, sich damit zu beschäftigen oder irgendwelche Vergleiche anzustellen, Assoziationsketten aufzuhängen und postmoderne Literaturtheorien zu bemühen. War auch nicht notwendig. Falco ging auch so »rein«, ganz unmittelbar und unvermittelt. Natürlich sind die Germanisten damals auch nicht gefragt worden, von einem mit einer Kamera in der Hand ... Keiner der heutigen älteren Herren, die damals Studiomusiker waren, keiner der jetzigen Moneymaker und Leichenausschlachter wäre auf die Schnapsidee gekommen, die Liedtexte von ihrer Musik befreit wie bei einer Lyriklesung vorzutragen. Das ist wirklich peinlich bis zum Gänsehautkriegen, und notwendig hat das alles nicht der, der gestorben ist, um zu leben, sondern die, die nur davon leben, dass er gestorben ist.

In diesen Dokus melden sich auch große Weggefährten-Dichter zu Wort, die Falcos poetische Gabe bestätigen: Wolfi Bauer etwa. (Wie erhellend Bauers Statement für die Falco-Forschung ist, sei dahingestellt. In Amerika habe Bauer Falco jedenfalls einmal im Autoradio gehört. Außerdem habe Bukowski auch nur übers Ficken und Saufen geschrieben, und das sei auch großartige Literatur ...) Im Insert wird Wolfgang Bauer anders als Falco selber weder Schriftsteller noch Dichter genannt, sondern »Literaturlegende«. Was das sein soll? Mittlerweile ist aber auch er längst gestorben, ebenso wie H.C. Artmann (der einmal eine Falco-Wortspende gegeben hat) und Ernst Jandl (der nie eine gegeben hat), und mir fällt auf, dass eine richtige Literaturlegende jemand ist, wegen dessen Todestag nicht der

Hauch einer tele-medialen Erregung inszeniert wird ... Mein (lebender!) Grazer Literaturlegendenfreund Günter Eichberger hat mir einmal gesagt, er habe nach Bauers Tod gemeint, jetzt käme dessen beste Zeit, habe sich mit der Einschätzung aber leider geirrt. Das Leben Wolfi Bauers ist bis heute nicht verfilmt worden (Graz hat sich, wenn ich mich nicht täusche, nicht einmal für seinen Nachlass interessiert), das Leben Ernst Jandls nicht, das H. C. Artmanns ebenso wenig. Die Todestage der Literaturlegenden nehmen die Öffentlichkeit und die Medien einfach so hin. Literaturlegenden leben nicht gar so besonders, wenn sie gestorben sind. Da kann Falco also sozusagen von Glück reden, dass er vielleicht doch keine ist ...

Heller. Aber ganz.

Was macht man als ganz, ganz bedeutender Gesamtkunstzirkusdirektor, wenn man nicht mehr 50 oder 60, aber auch noch nicht 70 oder 75 ist? Richtig! Man wird 65! Denn 65 ist immerhin ¾ von 86,6 periodisch! Das muss man die Welt schon wissen lassen, auch wenn man es „nicht groß feiert“. Bei einem so bescheidenen Bedeutenden bedeutet das, im Fernsehen zu sagen, dass man »nicht groß feiern, sondern weg sein« wird.
Wenn es allerdings Inspektor Kottan III. wagt, gleichzeitig ¾ von 86,6 zu werden, muss man zur Wahrung der Rangordnung schon in zwei Sendungen an einem Abend auftreten: Einmal im Literaturcafé, um seine (natürlich nicht selbstgeschriebene!) Biographie zu promoten (das Selbstgemachte wäre ordinär! Er hat ja bei »Afrika! Afrika!« auch nicht selbst getanzt!). Dass sein Biograph vorher Biographien über Toni Innauer (!) und Philipp Lahm (!!) geistgeschrieben hat, lässt sich in die Aura schwer integrieren.
Daher der zweite Auftritt solitär in den heil’gen Privatgemächern: Da muss der Fauteuil, in dem der Meister aufrecht ruht, so im Raumensemble positioniert werden wie der Volksaltar in der Kathedrale. Wirkung ist alles. Privat sitzt man so natürlich nie. Wo wird der Fauteuil beim 70er stehen? Vermutlich im Büro des ORF-Generalintendanten! Dann wird es Heller. Aber ganz!

Eh wuaschd

Ernst Hinterberger war ein großer Schriftsteller, denn seine Literatur leistet, was Literatur leisten soll und kann: Ein Milieu an einem Ort in einer Zeit abzubilden. Mundl, Trautmann, Kaisermühlenblues sind im Grund Volksstücke, verfilmt.
Material für eine lange Hinterberger-Nacht hatte der ORF also natürlich genug. Aber das beruhrende Portrait des großen Autors in memoriam stammte interessanterweise von keinem großen Literaturwissenschaftler, sondern von Rudi Dolezal, dem Popmusikexperten! Paradegermanist kam keiner zu Wort (obwohl die Rezeptionsgeschichte – die Gründe für Trautmanns Ende etwa – ein spannendes germanistisches Thema wäre). Aber Hinterberger hat eben weder den Büchnerpreis noch den Nobelpreis und nicht einmal den Bachmannpreis gewonnen. Deswegen hatte auch keiner von denen etwas über ihren Kollegen zu sagen – ausnahmsweise nicht einmal André Heller.
Wofür einer im Antichambrierclub gehalten wird, erkennt man nicht daran, *was* über ihn gesagt wird (gelobt wird immer), sondern *wer* das Wort überhaupt ergreift, wer nicht. Stürbe Nestroy heute, wäre er auch ein Fall für Rudi Dolezal. Zu seinem Glück war Ernst Hinterberger Buddhist, und die buddhistische Lösung ist urösterreichisch: Eh wuaschd!

Kelche, die vorüberziehen

Stilblüten

Es blüht

Seit Wochen laboriere ich an einem Einschnitt meiner Hornhaut im linken Auge, den ich mir eines Nachts in unruhigen Träumen auf mysteriöse Weise selbst beigebracht haben muss. Seither sehe ich die Welt nicht nur verschwommen, sondern doppelt: Ich habe zwei Frauen, vier Kinder und zwei Schreibtische, aber ich sehe, wenn ich nicht rechtzeitig ausschalte, auch zwei Wolfram Pirchners, zwei Barbara Karlichs, zwei Roman Rafreiders und zwei Vera Russwurms. Das ist zu viel!
Um meine Kolumne schreiben zu können, hat mir mein Augenarzt empfohlen, bis auf weiteres einfach mit geschlossenen Augen fernzusehen. Im Frühling hat es auch ein Fernhörer gut, weil alles blüht, zum Beispiel die Stilblüten in der Sportberichterstattung. Hier die drei Highlights meiner Sammlung aus der letzten Zeit: Bronze geht an Christoph Leitgeb vom SK Sturm für seine Aussage: »Spielerisch haben wir gut gespielt.« Silber an Peter Pacult, einen der profiliertesten Gärtner im Stilblütenpark für die Weisheit: »Der Ist-Zustand ist, wie er ist, und er schaut optisch nicht gut aus!« Gold aber gewinnt der Mentalcoach Valentin Hobel mit seinem Sager: »Ich versuche, bei Paul Scharner das Gehirn als Körperteil zu integrieren!« Gutes Gelingen!

Krieg

Lebensbedrohlich schwere Stürze von Nationalschihelden sind schlimm anzusehen, aber leider so spektakulär und Quoten steigernd, dass man sie immer wieder zeigen muss.

Eine so genannte Schination erkennt man daran, dass solche Stürze nicht nur sportredaktionell, sondern in der Hauptnachrichtensendung um 22.00, in der ZIB 2, per Liveschaltung nach Kitzbühel abgehandelt und analysiert werden, in der es üblicherweise um hohe Politik geht, ((?)) um Wahlen, Verbrechen, Wirtschaftskrisen, Naturkatastrophen, schwere Konflikte, Bürgerkrieg und Krieg. Der Moderator, gewohnt, mit Bundeskanzler oder Nationalbankpräsident fachzusimpeln, mit Ministern, Landeshauptleuten, Nahostkorrespondenten und Kriegsberichterstattern, der fachsimpelt, während dem Unglücksschiraben operativ (hoffentlich) gerade das Leben gerettet wird, nun also genauso selbstverständlich mit dem Nahwestexperten Karl Schranz und fragt ihn: »Denkt man bei der Abfahrt daran, dass man sterben kann?« Schranz antwortet: »Das darf man nicht. Sonst kann man nicht siegen!«

Der Satz passte tatsächlich wunderbar in die Sendung: Ich habe ihn schon aus Bagdad und Kabul gehört, aus Kuwait, Vukovar und Sarajewo. Reiner Kriegsjargon. Zum Glück wird die Wehrpflicht demnächst abgeschafft!

Fellatio

Selten schafft es Latein bis auf die Fernsehseite. Aber es gibt auch in einer toten Sprache Worte, die Tote zum Leben erwecken können. Denn anderenfalls hätte es keine solche Aufregung darüber geben können, dass die französische Europa-Abgeordnete Rachida Dati in einem Fernsehinterview die Worte »Inflation« und »Fellatio« verwechselt hat. (Seltsam: Ich wäre der Klangähnlichkeit wegen eher auf Flatulenz, Flattnitz oder in flagranti gekommen ...)

»Manche Investmentfonds (lat.) fordern eine Rentabilität von 20 bis 25 Prozent (lat.), und das bei einer mickrigen Fellatio (lat.)«, sagte Dati. Später erklärte sie, sich versprochen zu haben. No na! Das glauben wir Österreicher, Ahnen Freuds, gern, wissen aber um die unbewusste und fatale Bedeutungsschwangerschaft solcher Fehlleistungen, die wir österreichische Ministerinnen tunlichst zu unterlassen ersuchen ...

Gerade in öffentlich-rechtlichen Medien ist das Vokabel doppelt heikel, sowohl wegen des Inhalts als auch wegen der Sprache. Das englische Kompositum (lat.) kennt ja seit Clinton jede(r): Ins Lateinische rückübersetzt hieße Französisch »Flatus negotium«. Ob eine mögliche Abschaffung des Lateinunterrichts die Inflation der Fellatio einbremsen könnte, oder ob es sozusagen zu einer Umwegrentabilität käme, da scheiden sich die Geister ...

Einmarsch

Seit ich heuer die Ehre hatte, ein Fußballländerspiel im Literaturhaus Graz live zu kommentieren, weiß ich, wie schwierig diese Aufgabe ist, ein Sportereignis mit einem Phrasenteppich zu unterlegen. Die Bilder allein wären dem Fernseher auf Dauer unzumutbar langweilig.
Schweigt man, worüber man nicht reden kann, hat man ein schlechtes Gewissen, trotzdem eine Honorarnote zu stellen. Redet man aber, wo es nichts zu sagen gibt, kommt leider oft Blödsinn heraus. Jedenfalls werde ich mich nie mehr über einen Sportreporter lustig machen, auch wenn er wie der alte Haudegen Sigi Bergmann beim ersten olympischen Boxeinstieg anmerkt: »Ein rein afrikanisches Gefecht!« Lieber Robert Seeger, auch dir herzlichen Dank für die Sätze: »Es funktioniert wie bei den zehn kleinen Negerlein: Nur müssen wir von 32 herunterzählen bis 16.« Und besonders großartig: »Jördis Steinegger hatte Badehaubenprobleme!«
Bei der bombastischen olympischen Eröffnungsfeier sah man einen dieser Superweltstaatsmänner nett mit Prinzen, Königen und Bush plaudern. Er winkte den Friedenstauben nach und befahl gleichzeitig, das Nachbarland zu bombardieren. Dazu Michael Berger: »Sie brauchen keine Angst zu haben, liebe Zuschauer. Österreich ist noch nicht einmarschiert!« Gott sei Dank! Aber ich hatte eh keine Angst.

Ein schönes Spiel am Ende des Länderspieljahres am letzten Mittwoch im Happel-Stadion und im ORF, eine hohe Niederlage gegen einen großen Gegner vor 30.000 Zuschauern. Wie sagte Jakob Jantscher: »Wir haben gewusst, dass die Spanier eine Supermannschaft sind, und das haben sie eiskalt ausgenützt!«
Einen Tag (Dienstag) und 31 Jahre (1978) früher: ein großes Spiel im selben Stadion vor 70.000 Zuschauern, nur eben auf TW1, Austria gegen Moskau. Das Flutlicht war schwächer. Die Werbetafeln am Spielfeldrand wechselten noch nicht alle paar Sekunden. Das ganze Spiel ununterbrochen kryptische Botschaften wie »Europa Möbel« oder »Regina Küchen«. Es gab keine Seitenblickekameras, die alle Augenblicke irgendeine sportliche, gesellschaftliche oder politische Herrschaft ins Wohnzimmer transportierten. Der Bundespräsident schwänzte einfach.
Gerhard Zimmer kommentierte noch nicht, sondern erzählte einfach nach, was er (und alle Fernseher) ohnehin sahen. (Seine Generation war noch mit dem Radio und den Radioübertragungen aufgewachsen.) Er war noch nicht so cool wie Oliver Polzer: Kein einziges Mal bezeichnete er Prohaska (den Spieler), Gasselich & Co als »Herren«, den Ball kein einziges Mal als »Spielgerät«. Großartige Sager gab es schon damals: Wegen einer strittigen Elfersituation befragt, sagte (der Spieler) Karl Daxbacher: »Von meiner Position aus konnte ich es nicht genau sehen. Ich war schon in der Kabine.«

Ist Prohaska lustig?

Ist Herbert Prohaska lustig? Und wenn ja: Woran erkennt man das? Am ehesten wohl daran, dass er zu elendslangen Auftritten in »Dorfers Donnerstalk« einge-laden wird, um dort in einer Doppelconférence mit dem titelgebenden Talkmaster vor sich hinzu... ja, was eigentlich? Blödeln ist das eher nicht.

Dorfer: Magst du Frauenfußball? Prohaska: Ja. (Pause) Aber das ist etwas anderes. (lange Pause, ernster Blick) Dorfer: (lange Pause, fragender Blick, der in einen nachdenklichen Blick übergeht). Ah, ja! (Pause). Publikum: Lange Pause. Stille. Vereinzelt verhaltenes Gelächter, schnell wieder vorbei. Dorfer bietet einen vorsichtigen Grinsansatz, bricht ihn gleich wieder ab, wackelt mit dem Kopf, wechselt das Thema. Prohaska nimmt seine Nasenlochmuskulatur in Betrieb.

Naja. Nicht alles, was trocken ist, ist auch Humor. Muss der chronisch kamerascheue Prohaska (auch noch) lustig sein? Und wenn ja: warum? Reichen nicht die sogenannten Analysen? Sind nicht selbst die in den jeweiligen Fragen eingelagerten Paraphrasen bereits Antworten des Moderators? Aber in einem Land, in dem Pragmatisierung Talent und Können ersetzt und bis in die Ministerien immer die Abwegigsten am Chefsessel sitzen, da gilt: Was der Staatsfunk lustig findet, das *ist* lustig. Wenn der ORF sagt, dass der Ball eckig ist, dann *ist* er eckig. Basta.

Prohaskas Personalpronomen

Was für ein Match! Seit fast einem halben Jahrhundert habe ich kein Fußball-Länderspiel versäumt – und kann mich doch an kein einziges 4:4 erinnern! Um die Bedeutung der Auseinandersetzung zu unterstreichen, hat der ORF sogar Fußball-Oberamtsrat Prohaska und Rainer »der Stoßseufzer« Pariasek nicht in der postmodernen Gemütlichkeit des Studios gelassen, sondern eigens nach Brüssel geschickt.

Prohaska, dem man immer wieder nachlässigen Umgang mit Dativ und Akkusativ vorwirft, hat diesmal ungeahnte Flexibilität in Sachen Personalpronomen bewiesen. In der Vorschau wählte er das anheimelnde »du« (»entscheidend wird sein, dass du in die Zweikämpfe kommst«). Damit meinte er aber nicht Pariasek (mit dem er ja per Sie ist), auch nicht den Fernsehzuschauer, sondern er wollte einfach das unpersönliche »man« vermeiden. Bravo!

Nach dem Spiel änderte Prohaska die Taktik und das Pronomen und sagte: »Über weite Strecken haben wir hervorragend gespielt.« Zum (rhetorischen) Glück hat das Team noch den Ausgleich erzielt, sonst wäre durchaus die Analyse möglich gewesen: »Du hast stark begonnen, wir waren spielerisch die bessere Mannschaft, aber am Ende haben sie verloren ...«

Krankls Kelch

»Die Show« war für »Das Match« angekündigt. Gekommen ist aber eine Cross-over-Doku mit hobbyphysiotherapeutischen Elementen. Am meisten interessiert hat mich an der »Soap« die Beinarbeit meines Schriftstellerkollegen Franzobel alias Stefan Griebl: einer der ganz wenigen Nicht-Schauspieler, Nicht-Exsportler, Nicht-Moderatoren und Nicht-ORF-Mitarbeiter im Team!
Der arme Stefan: Warum tut er sich das an? Kein Alkohol! Keine Süßigkeiten (zum Glück sind Nougatknödel keine Süßigkeiten!). Keine Zigaretten (nur eine Schwindelzigarette am Balkon mit 41!). Pünktlichkeit! Disziplin! Doppelzimmer! Fern von Frau und Kind in einem Raum mit einem anderen Menschen – noch dazu: Mann – übernachten! Und das alles wegen eines Kickerls gegen irgendwelche B-Promis aus der Schweiz! Da war es fast ein Glück, dass Franzobel gleich am ersten Abend »nominiert« wurde, was hier – anders als in der Kunstwelt – offenbar »aussortiert werden« bedeutet. »Du hast mehr Probleme mit dem Ball als die anderen Spieler. Brauchidanetsogn!« Was ist aber dann, mit Krankl gesprochen, »der Sinn des Allen«? Wohl einfach, in den Genuss der hinreißenden Kranklschen Sprachschöpfungen zu kommen. Highlight des Abends: »Wir werden den Kelch ausbaden!« Dazu von dieser Stelle wiederum gutes Gelingen!

Auch für eine nichtqualifizierte Nation unübersehbar rückt die Fußball-Weltmeisterschaft näher: Der Sonntagabendkitsch spielt vorübergehend nicht in Cornwall oderSüdschweden, sondern in Südafrika. Toni Polster trifft sich zu informellen Sondierungsgesprächen mit Schokobonbons (jeder tut halt, was er kann), und die beiden Urväter österreichischen Selbstverständnisses treffen sich bei einem Appetizer zu einem Westernheldenhighnoon.

Herbert Prohaska sagt markig: »I hob uns zua WM gschossn!« (Aber nicht 2010, sondern 1978, als wir noch Kinder und unsere Kinder und Enkel noch im pränatalen Paradies waren.) Und Hans Krankl kontert: »I hob die Piefke aus da WM gschossn!« Das sagt er nicht 1978, sondern jetzt 2010, Jahrzehnte nach Mitterer, in einem Europa, in dem niedere Instinkte und dumpfe Ressentiments der Vergangenheit angehören sollten.

Das sollte sich ein öffentlich-rechtlicher deutscher Sender wie ARD oder ZDF einmal herausnehmen, seine kleinen Brüder des Südens expressis verbis als »Almöhis« oder »Schluchtenkacker« zu bezeichnen. Die Empörung bei meinen Landsleuten wäre grenzenlos! Aber so tief die Niveauleiter hinunter steigt man im Norden nicht. Das Match spielt man dort nicht! Solchen Schmäh, solche Schmähung meidet man! Merk's Österreich! Merk's Würzburggasse!

Letzter Wille

Im Jahr unserer EURO haben mir österreichische Sportreporter und Analytiker mit ihren Hoppalas und Stilblüten viel schönen Stoff geliefert und mehr Freude bereitet als die, die sie kommentierten.
Das war auch beim letzten Länderspiel nicht anders. Prinz Eugen würde sich im Grab umgedreht haben, hätte er das Türkeiländerspiel gesehen! Wenn mir der österreichische Dauerweltuntergang zu viel wurde, schaltete ich zwischendurch nach Deutschland, denn im ZDF ist seit der Herbstsaison ein neuer Analytiker am (Wort-)Werk, der in seiner aktiven Zeit von Neidern als Affe, von Fans als Titan bezeichnete Oliver Kahn.
Hier seine sprachakrobatischen Highlights: »Den Ball muss man reinzimmern, sonst brennt der Baum.« »Es ist für einen Tormann nicht einfach, erst in der zweiten Halbzeit zu spielen. Man sitzt 45 Minuten auf der Bank und muss sich dann warm machen.« »Ein eher dösiges Spiel, und das Mittelfeld war etwas pomadig.« »Ich habe mir Signale erwartet, zum Beispiel dass einer ein Zeichen setzt.« So klug spricht ein Deutscher! Der schönste Satz des Abends von Oliver Kahn: »Was gefehlt hat, war der letzte Wille!«
Das kann man den Österreichern nicht vorwerfen. Der letzte Wille war schon deutlich vorhanden. Traurig eigentlich bei so jungen Menschen ...

Hubschrauber und Huhn

Von der Wienwoche zurück erzählt meine Tochter vom Küniglberg: Der ist so groß wie 27 Fußballfelder, mit allen Kabeln könnte man dreimal die Erde umwickeln. Der ORF ist wie eine kleine Stadt mit eigener Trafik, Adeg-Markt und Reisebüro.

Und, möchte ich ergänzen, eigenem Hubschrauber für Sportübertragungen wie letzte Woche der Ironman-Triathlon. Weil sich die Ironmen (und -women) für ihren Marathon ausgerechnet mein Wohnviertel ausgesucht haben, stand dieser gewaltige ORF-Hubschrauber genau während der heiligsten Mittagsruhe, am Sonntag zwischen 13.00 und 14.00 Uhr ohrenbetäubenden Propellerlärm entfachend, wenige Meter über meinem Garten, über unserem Mittagstisch, exakt über unserem Brathuhn. Weder hat er vorher um Erlaubnis gefragt noch anschließend um Entschuldigung gebeten. Und auch die Ohrenarztrechnung hat er nicht bezahlt. Im Fernsehen sah man freilich bloß die beinharten Ironmänner beim Marathon, nicht den verzweifelten Dichter beim Mittagessen nebenan. Die Kamera zeigt nie die ganze Wirklichkeit, immer nur einen Ausschnitt: Den Ausschnitt, der ihr passt.

Das war mein Hollywood-Weekend: Ich schrie meine Frau an: »Das Huhn ist vorzüglich!« Sie schrie zurück: »Wie bitte?« Ich brüllte: »Lecker, das Huhn!« Sie brüllte: »Ich verstehe nix!« Und so ging es eine Stunde weiter. Man ist chancenlos allein gegen den ORF. Mittlerweile sind Ironmänner und Hubschrauber zum Glück wieder weg, und ich darf meiner Frau auf diesem Weg rückwirkend ausrichten: »Liebes, das Huhn war köstlich!«

Wimbledon

Ich hatte eine glückliche Kindheit. Da war Wimbledon noch im ORF. Auch wenn sie alle keine Österreicher waren: Ohne John McEnroe, Björn Borg und Jimmy Connors hätte ich mich später in der Welt des Sports nicht zurechtgefunden.

Heute muss ich DSF schauen, wenn ich ein bisschen was vom traditionsreichsten Tennisturnier der Welt sehen will: Aber die Deutschen interessieren sich nicht besonders für Tamira Paszck, sondern zeigen lieber dramatische Bilder, wie das von einem plötzlichen Wolkenbruch entsetzte Publikum von der Tribüne hechtet und zu den überdachten Erdbeerständen flieht, oder wie sich ein Ballbub beim hektischen Tennisnetzabnehmen überknöchelt.

Der ORF sendet prinzipiell nur, wenn ein Österreicher oder eine Österreicherin so erfolgreich ist, dass er gar nicht mehr anders kann. Um den Sport selbst geht es dabei nie: Ausschließlich darum, ob man ihm einen nationalen Schulterschluss abpressen könnte.

Das Schönste an Wimbledon sind aber weder die Erdbeeren noch der Rasen, weder die Beine der Damen noch das Sakko von Roger Federer, noch die moosgrün-violett gestreiften Krawatten der Schiedsrichter. Das Allerschönste ist, dass der letzte Brite Wimbledon 1936 gewonnen hat – und das Turnier trotzdem noch immer stattfindet. Das wäre bei uns völlig unmöglich.

Wenn Prüller brüllt

Der Sinn des Lebens, die Aufgabe und auch sein Ziel kann nur Entwicklung sein. Am Anfang Beschäftigung, Auseinandersetzung mit der Welt und ihren Dingen. Staunen, Interesse, Anteilnahme, im Glücksfall Begeisterung, Faszination, Gier. Am Ende aber Sättigung, Übersättigung, Überdruss, Einsicht in das Ungenügen, Ablehnung, Abkehr. Am Ende sollte man alles satthaben, mit nichts mehr einverstanden sein, an allen Dingen und allen Menschen ihre Falschheit und Verlogenheit erkennen, den Popanzcharakter der Welt durchschauen, die blinde Geschäftsgier.

Am besten, am richtigsten hat man gelebt, wenn man mit der Welt, die man konsumiert, auch produziert hat und einmal verlassen wird, am Ende nichts mehr zu tun haben will.

Und deswegen meine ich, spätestens ab seinem fünfzigsten Geburtstag hätte Heinz Prüller nicht mehr so brüllen müssen! Wer wann welchen Boxenstopp einlegte, wer wo welche Reifen verwendete, wer wann wo Weltmeister wurde: Das kannte Prüller doch schon bis zum Überdruss! Hat nicht Niki Lauda bereits vor einem Vierteljahrhundert gesagt, es sei ihm zu fad, immer nur im Kreis zu fahren? Wäre es nicht ein guter Grund gewesen, sich vom Getriebe der Welt abzuwenden, wenn nach Lauda Berger kommt, und nach Berger Wurz?

Lieber Herr Prüller, Wurz ist schnurz!

In memoriam

Um Spitzensportler zu interviewen, muss man nicht selber wie einer ausschauen, und man muss auch keine urcoole Trainingsjacke tragen. In der Alpenrepublik kann man, wenn es um Bergsport geht, selber ein bisserl wie ein Berg ausschauen, mindestens aber wie der aus der Familie Petz ausgebrochene Großvater. Es reicht, wenn man noch zwischen die Wandvertäfelung und den Bauernstubentisch – und sein Gilet farblich zum Orangensaft passt. Gut zuhören und interessiert dreinschauen muss man können. Damit die Brille nach dem Nasenbeinsteilhang nicht vom Nasenschanzentisch purzelt, darf man sich noch weniger bewegen als der Alligator in Schönbrunn in der Mittagspause.

Kein Interviewer der Welt konnte sich so gut nichtbewegen wie Elmar Oberhauser, und beinahe entstand der Eindruck, die Gedenksendung handelte nicht von Toni Sailer, sondern von ihm. Gestellt hat Oberhauser nur eine Frage, nämlich, was denn Toni Sailer zum Sänger und Schauspieler qualifiziert habe, und der erstaunlich eloquente Sailer antwortete wahrheitsgemäß: »Ich konnte gut Schi fahren!« Ehrensache, dass man auch seine beiden U-Filme am Samstagnachmittag gesendet hat. Aber wenn es einmal so weit ist, und man in memoriam sämtliche Volksbank- und Raiffeisen-Werbeclips sendet, sämtliche Hansi-Hinterseer-Sommer-Openairs und sämtliche Millionenshows, dann sehe ich schwarz! Da wäre es besser, unsere Schihelden bleiben wirklich gleich unsterblich!

Lwiw

Anlässlich von Auswärtsspielen des Österreichischen Nationalteams gab es im Fernsehen früher immer ein bisschen Kulturkunde. Jetzt, in Zeiten des Bildungsvolksbegehrens, ist der Umgang mit dem Bildungsauftrag ein bisserl locker geworden.

Da felix Austria am Dienstag erstmals in seiner Geschichte vielen naserumpfenden Sport-Hofräten zum Trotz einen Schweizer Teamchef in der Coaching-Zone stehen hat, möchte wenigstens ich hier darauf hinweisen, dass unsere gute alte Habsburg – Sie wissen es eh sicher – am halben Weg zwischen Basel und Zürich steht: Schön zu sehen von der Autobahn aus! Schon einmal hat uns ein Notlösungskaiserchen ein Weltreich begründet ...

Sarkastische Ironie des Schicksals, dass das erste Spiel des Österreichschweizers ausgerechnet in Lwiw stattfindet: Vor hundert Jahren wäre das noch ein Heimspiel gewesen! Lemberg – Sie wissen es eh sicher – ist die Geburtsstadt eines großen österreichischen Dichters: Leopold von Sacher-Masoch! Auch in Graz kein Unbekannter!

Sacher Masochs Urne landete auf Nachbars Dachboden, der brannte ab. Seither besitzt der Ärmste nicht einmal eine letzte Ruhestätte. Denken Sie daran, wenn am Dienstag in Lwiw einmal Feuer am Dach sein sollte, ... werden Sie einfach Masochist!

Zu meiner Zeit

1954: Der Sohn sitzt – einen Ball in der Hand – mit hochrotem Kopf vor dem Radiogerät und hört Österreich gegen Deutschland. Der Vater schüttelt den Kopf: »Zu meiner Zeit war dieser Proletensport verpönt!«
1978: Der Sohn sitzt vor dem Fernsehgerät und schaut Österreich gegen Deutschland. Der Vater schüttelt den Kopf: »Zu meiner Zeit haben wir noch selbst Fußball gespielt!«
1998: Der Sohn sitzt vor dem Fernsehgerät und schaut »Die Analyse« von Österreich gegen Italien mit Chefanalytiker Josef Ruhe-in-Frieden Hickersberger und Rainer Pariasek. Der Vater schüttelt den Kopf: »Zu meiner Zeit haben wir Fußballspiele noch selber analysiert!«
2008: Der Fernseher läuft mutterseelenallein bei der Analyse von Österreich gegen Deutschland. Thomas uuaaaahhhhhggggrrrccc König kommentiert für die Wände. Der Sohn sitzt in einer anderen Ecke des Wohnzimmers am PC und chattet. Der Vater schüttelt den Kopf: »Zu meiner Zeit haben wir noch selber ferngesehen!«
2013: In Deutschland spielt Deutschland gegen Österreich. Aber der ORF überträgt nicht mehr. Vater und Sohn haben einander nichts mehr zu sagen.

Political correctness

Wo die Heimat ist – und was sie ist

Vor einem Vierteljahrhundert studierten drei junge Männer an der Universität Klagenfurt Germanistik und saßen gemeinsam in einem Seminar zur »Österreichischen Anti-Heimatliteratur«: Arnulf Prasch, Josef Nadrag und Egyd Gstättner. Damals hätten sich Arni und Joschi (die damals natürlich keine Trachtenanzüge trugen) wohl nicht träumen lassen, den Festumzug zum 90-Jahr-Jubiläum der Kärntner Volksabstimmung im Fernsehen zu kommentieren. Bundesweit! Und ich hätte mir nicht träumen lassen, ihren Kommentar zu kommentieren (wenn auch nicht in Tracht, sondern im Pyjama). Sicher werden auch die Klagenfurter Germanistikprofessoren von Amann bis Kucher gestern gebannt zugesehen haben, was aus ihren einstigen Schützlingen (seltsames Wort, ich weiß) geworden ist.
Also: Nicht ganz überraschend saßen auf der Haupttribüne die Mächtigen von innerhalb in Kärntner Tracht, die Mächtigen von außerhalb in Staubmänteln in Erwartung von 16000 winkenden Gästen. Zuerst die Fahnenschwinger: Eine sehr schwierige und anstrengende Sache, so eine Fahne über den Kopf, hinter dem Rücken und unter den Beinen durchzuziehen. Und eigentlich auch überflüssig. Dann kam jede Menge Militär, zum Glück ohne Feind. Da ich beim Anblick von Soldaten immer panische Angst vor Krieg, Elend, Not und Tod bekomme, habe ich sofort weggeschaut und nur Arnis Interview mit einem Kommandanten gehört: Ein militärischer Festakt sei für das Militär Routine und Gelegenheit zu zeigen, was es kann. Aha. Beim großen Zapfenstreich am Abend wird sich die

Kärntner Militärmusik aber von der steirischen helfen lassen müssen. (Oje!)
Tatsächlich hat eine Bürgergarde mit uralten Gewehren auf die Politprominenz geschossen, aber niemanden getroffen. Als Germanisten werden Prasch & Nadrag sicher ebenso wie ich an Joseph Roths Worte gedacht haben: »Zum Radetzkymarsch stirbt es sich einfach besser!« Aber der Satz wäre gestern zu unfestlich gewesen. Am Schluss schrie der Kommandant den Bundespräsidenten an, und der antwortete: »Bitte fortfahren!« Das kann man so und so verstehen. Ich hab es so verstanden.
Claudia Fräss-Ehrfeld unterstützte Arni & Joschi nicht nur mit historischen Fakten, sondern mit großen Allgemeinwahrheiten: »Kärnten hat eine traditionell positive Einstellung zum Bundesheer«. »Am 10. Oktober ist immer schönes Wetter.« »Dem Bundespräsidenten scheint der Umzug zu gefallen – er lächelt!« Geschichtsschreibung at its best!
Ich glaube, er lächelte, weil nach Militär und Abwehrkämpferbund die feschen Dirndln der Volkstanzgruppe Edelweiß kamen. Wenn sie tanzten und sich im Kreis drehten, konnte man ihnen unter die Kittel schauen. Aber man sah nichts. Ein Traktor nach dem anderen, ein Wagen, eine Blaskapelle, ein Verband, eine Burschenschaft, eine Studentenverbindung nach der anderen kam, ein Wagen bunter als der andere. Arnulf trällerte sogar mittelhochdeutsche Lyrik. Alle winkten mir so liab und freundlich zu, dass ich allen liab und freundlich zurückwinkte, nach vier Stunden fiel mir der Arm ab und ich musste ausschalten. Daher weiß ich nicht, ob noch ein Traktorwagen von Theater, Literaturhaus, Uni-

versität, Germanistik, Philosophie mit winkenden Intellektuellen, Wissenschaftlern und Künstlern gekommen ist. Aber der gütige Landeshauptmann schickt mir sicher gleich die DVD, und ich prüfe das nach. Im Schnelllauf.

Auf der DVD enthalten ist hoffentlich auch Gernot Stadlers Dokumentation, in der man erfährt, dass die österreichische Propaganda 1920 geschickter als die jugoslawische war, weil sie gerade nicht national, sondern wirtschaftlich argumentierte: Leute, denkt an die Märkte in Klagenfurt und Villach, Celovec und Beljak! Das zog! Daran schließt aber die unerfreuliche Brutalwahrheit: Letztlich ist Heimat dort, wo das zuständige Finanzamt steht.

Berghaarpräsident

Wie es der berufliche Zufall will, bin ich ausgerechnet am Nationalfeiertag seit Jahren immer im Ausland, einmal in London, einmal in Warschau, einmal in Rijeka. Aber ich bemühe mich, mit Flugzeug, Bahn oder Auto pünktlich bis 19.48 wieder zu Hause vor dem Fernseher zu sein. Denn unter gar keinen Umständen will ich die Ansprache des Präsidenten versäumen, dem die Haare zu Berge stehen, auch wenn er gerade vom ORF-Friseur kommt. Ich will ja wissen, wie es mit Österreich weitergeht!

Aber was sagte mir der gute Hirte Heinz heuer? Klimakrise! Wirtschaftskrise! Finanzkrise! Wir müssen die Wirtschaft ankurbeln, sagte er. Wir müssen aus den Fehlern lernen, sagte er, und er meinte damit »abenteuerliche Spekulationen, mangelndes Verantwortungsbewusstsein und Exzesse bei Bonuszahlungen«. Dazu, UHBP, möchte ich feststellen: Ich und die meisten übrigen ÖsterreicherInnen sind unschuldig! Ich bekomme weder Bonuszahlungen, noch spekuliere ich abenteuerlich. Ich spiele nicht einmal Lotto. Exzesse ausschließlich außerfinanziell! Ich kann für die Krise nichts!

»Es müssen Konsequenzen gezogen werden!«, sagte UHBP. Ja genau, lieber Präsident! Ziehen wir! Besser heute als morgen! Ho-ruck! Reden wir über die Schuldigen, nicht über die Unschuldigen! Sonst stehen Ihnen garantiert auch nächstes Jahr noch die Haare zu Berge!

Herr Präsident!

Mein Präsident hat neulich wieder einmal mit mir gesprochen – wie jedes Jahr um diese Zeit. Er legte die linke Hand bedächtig auf seine Hofburgschreibtischplatte und die rechte auf die linke Hand, er schaute mir staatsmännisch-väterlich in die Augen, und klipp und klar zu sagen hatte er mir Folgendes: »Korruption und Spekulantentum sind absolut inakzeptabel!«
»Wem sagen Sie das, Herr Präsident«, gab ich ihm zurück, »mir stehen die Haare zu Berge wie Ihnen! Messerscharfe Analyse! Große Worte! Und so herrlich sinnlos! Außerdem ein bisserl spät! Wenn Sie den Spekulantenmahner in der Korruptionswüste vor fünf Jahren gegeben hätten, wäre es vielleicht gar nicht erst so weit gekommen ...
Jetzt frage ich Sie, lieber Herr Präsident (mit großer Sorge, 1992): Was tun wir dagegen? Was tun *Sie* dagegen? Mein Vorschlag: Die sauren Wiesen trockenlegen (1984)! Moralische Erneuerung (1986-88)! Wenn man in die Zukunft schaut, Herr Präsident, ist es gut zu wissen, dass die Zukunft immer gleich ausschaut wie die Vergangenheit. Die Einsicht schützt auch vor unnötigem politischem Optimismus.
Abschließend wünschte mir mein Präsident noch einen schönen Abend. Ihnen auch, Herr Präsident! Ihnen auch! Bis nächstes Jahr!

Europe's next Top Politician

Die »Dancing Stars« haben ausgetanzt, Germany's next Topmodel ist gevotet: Die Situation der heute 12-jährigen Mädchen ist also absolutes watching-burnout. Das eine oder andere Mädchen empfiehlt seinem Vater ein Deo, das zu seinem Typ passt, und als Antipeinlichkeitschallenge sofortige Achselhaarrasur. Aber mit den Achseln zuckt der Vater bloß.

Wen könnte man noch casten? Es sind doch alle schon gecastet! Ach ja: Europe's next Top Politicians! Angeblich sorgt man sich wegen möglicher niedriger Wahlbeteiligung. Dabei bieten Europawahlen im Gegensatz zu allen anderen die einmalige Chance, Politiker mittels Stimmzettel außer Landes zu bringen!

Ob unbestechlich, ehrlich, konsequent, diplomatisch erfahren oder gar stubenrein; ob nur noch botschaftsfrei grinsend (rot) oder nicht einmal mehr grinsend (Strasser...), ein Kreuzchen, und der Politiker ist weggevotet auf fünfjähriges Nimmerwiedersehen. Tag der Abrechnung! Man könnte die Wahlbeteiligung in die Höhe schnellen lassen, wenn man bloß Armin Wolf durch Arabella Kiesbauer oder Heidi Klum ersetzt. Und die richtigen Fragen stellen: Wie geht es mit Europa weiter? Mit der Türkei? Israel? Kreuz? Minarett? Weltwirtschaftskrise? Vor allem aber: Haben Sie schon Ihr Achselhaar rasiert?

Aschonprovokatör

Was sich die Skinheads von den Nichtskinheads denken müssen! Zuerst breitet man für ein paar hundert Euro (infolge Mathematikdefizits infolge Schulabbruchs, genauere Angaben unmöglich) seine ganze Hölle aus (Vaterlosigkeit, Arbeitslosigkeit, Hoffnungslosigkeit, Gemeindebau, Nulleinkommen, kaltes Wasser, Mutter pleite, Subsubsubstandard) – und dann diskutieren die Obergescheiten im »Club 2«, ob die Wirklichkeit wirklich oder konstruiert und inszeniert ist!

Dann kriegt man einen Ausflug spendiert, einmal ein bisserl herauskommen: Ein Traumurlaub führt ja nicht unbedingt nach Wiener Neustadt. Aber alles besser als immer Viktor-Adler-Markt. Dann wollen alle unbedingt, dass man »Sieg Heil« ruft, zuerst der Redakteur, dann die Polizei (als ob es in unserem Leben einen einzigen Sieg und ein einziges Heil gegeben hätte!). »Hilfe!« hätten wir rufen sollen. Das hätte gestimmt!

Nur ausgerechnet der Schnösel von der Geringstes-Übel-Partei wollte mit uns überhaupt nichts zu tun haben und hat irgendwas Französisches gefaselt: Aschonprovokatör oder so. Sein Vorgänger hätte uns wenigstens noch eine Woche Kärnten-Urlaub spendiert! Die spinnen, die Nichtskinheads!

Der letzte Petzi

Beinahe sympathisch könnte einem dieser Herr Petzner noch werden, der Ritter der Fettnäpfchen, ein Mann, der nicht nur öffentlich schluchzt und unter Führerscheinentzug leidet, sondern es auch wagt, wenn schon nicht am Schülerklo, so doch am Parlamentsklo heimlich zu rauchen.

Fast könnte man meinen, dieser »letzte Petzi« sei zwanzig Jahre im Koma gelegen und stamme also aus einer Zeit, in der es noch mehr Argumentation und weniger Lobbying/Mobbing, noch mehr Debatten und Diskurse und weniger political correctness, kurz: wenn schon nicht mehr Freiheit, so wenigstens weniger Diktatur gab. Leider fehlt ihm jetzt nach dem Erwachen ein Lebensmensch, der ihn auf die neue Errungenschaft der Feueralarmmelder hinweist (und sie mittels Fernbedienung gleich für eine Zigarettenlänge außer Kraft setzt).

Der Lebensmensch (Coach) könnte ihn außerdem darauf hinweisen, dass bei einem Volksvertreter im Unterschied zu einem Serienhelden nicht alle Augenblicke plötzlich U2 oder Manfred Mann's Earthband oder Bruce Springsteen ein paar Stimulationstakte hinlegen, weder Katrina noch the Waves, weder Talking Heads noch Dire Straits. Und richtig sympathisch wird's ja erst deswegen ...

Unschuldsvermutung

Beim Fernsehen erkennt man ganz automatisch den Charakter seines Landes. Mitten in den Ferien zappte ich abends in meinem Hamburger Hotelzimmer, blieb bei 3sat hängen und schaute die ZIB 2, um Kontakt mit der Heimat zu halten. Dabei hörte ich als Erstes den Satz: »Für alle Genannten gilt die Unschuldsvermutung!«

Ein paar Tage darauf wieder heimgekehrt empfing mich Armin Wolf genau mit demselben Satz: »Für alle Genannten ...« Nun legte ich einen Schreibblock zum Fernsehgerät, zeichnete eine Tabelle und fertigte eine Strichliste für jedes Mal an, da das Wort »Unschuldsvermutung« auf einem österreichischen Sender vorkam, parallel dazu eine für alle restlichen Sender.

Jetzt, gegen Ferienende, ziehe ich eine erste Bilanz: In österreichischen Kanälen ist mir das Wort »Unschuldsvermutung« bis heute summa summarum 52 Mal untergekommen, in Deutschland und der Schweiz zusammen 0 Mal. Daher stelle ich mir vor, dass sich die vielen Touristen, die derzeit bei uns urlauben und sich zu österreichischen Sendern verirren, sehr wundern müssen, wie unglaublich unschuldig unser Land und sein Establishment sind! Umgekehrt habe ich aber noch die Warnung meiner Mutter im Ohr: »Bub, hüte dich vor Fremden und Personen, für die die Unschuldsvermutung gilt!«

Aloha'Oe, Lili'uokalani!

10 Jahre Wikipedia haben zu einer Demokratisierung, aber auch zu einer Verzufallung des Wissens geführt: Zu seiner Verbreitung, nicht zu seiner Vertiefung. Zufälliges Wissen sammeln kann man aber noch immer kanalsurfend fernsehend.
So habe ich letzte Woche trotz tiefsten Winters zufällig kein einziges Schirennen und kein Schispringen gesehen und kenne daher weder die Siegerlisten noch die Alpenhelden dieser Tage. Dafür bin ich bei arte eine Woche lang bei »Strandspaziergängen« mitgegangen und habe eine ganz billige Weltreise absolviert. Montag: Côte d'Azur. Dienstag: Copacabana. Mittwoch: Waikiki. Donnerstag: Ostsee, Freitag: Amalfi.
Jetzt könnte ich viel (zufällig Zugefallenes) erzählen.
Die schönste (und traurigste) Geschichte wäre die von Queen Lili'uokalani, der letzten Königin von Hawaii, die von amerikanischen Bananenbaronen geputscht und unter Hausarrest gestellt wurde, wo sie zum Abschied von ihrem Volk »Aloha'Oe« komponierte, das später sogar der letzte Quinn von St. Pauli nachgeträllert hat.
Da wurde ich zufällig sehr melancholisch, weil ich mich fragte: Wann ist jemals einem österreichischen Herrscher für sein Volk ein Welthit eingefallen? Die Antwort hat leider weder das TV noch Wikipedia.

Ostende

Robert Menasse verabschiedet sich in seinem letzten Prosaband von der 68er-Nostalgie. »Wir sind«, schreibt er, »wenn wir vernünftigerweise etwas sind, Neunundachtziger.« Erlebt hat Menasse die 89er-Revolution aber vor dem Fernsehapparat, wie auch ich, wie auch der deutsche Einigungskanzler Kohl, der – späte Ironie der Geschichte – sogar vor einem Warschauer Fernsehapparat: Es war eben die erste Fernsehhauptabend-Revolution. Wirklich live beim Mauerfall dabei war außer dem Volk nur Udo Jürgens – who else?

Später bin ich dann aber doch öfters nach Berlin und auch nach Leipzig gekommen, wo alles begonnen hat. Interessanterweise ist im Zentrum des ehemaligen Ostens von den europaweiten gesellschaftlichen, auch ethnischen Konsequenzen der Ostöffnung am wenigsten zu spüren: Wegen der wirtschaftlichen Schwäche ist es auch mit Multikulti noch nicht weit her. Einer der wenigen Deutschen mit Migrationshintergrund hat einen Pferdefuß, heißt Mephistopheles und lümmelt zu Bronze erstarrt vor der Bar Mephisto in der Leipziger Mädlerpassage.

In Deutschland gibt es Regionalfernsehanstalten für alle Teile und Himmelsrichtungen: BR, SWR, WDR, NDR – nur keinen ODR. Ganz im Osten, in Leipzig steht die Zentrale des MDR. Osten sagt man nicht so gern. Seit dem Ostende ist Ostende ganz im Westen.

Jasomirgott am Life Ball

Seit Jahr und Tag stehen am Wiener Rathausplatz auf hohen Podesten mit stolz geschwellten Brüsten die steinernen Denkmäler von Ernst Rüdiger Graf Starhemberg, Herzog Rudolf dem Stifter, Herzog Heinrich Jasomirgott oder Herzog Leopold dem Glorreichen.
Letzten Samstag logierte ich im Hotel Rathauspark und hatte so Gelegenheit, den Life Ball live – und live im Fernsehen gleichzeitig zu sehen. So sah ich, was man im Fernsehen nicht sah, dass man Graf Starhemberg, Rudolf dem Stifter, Heinrich Jasomirgott oder Leopold dem Glorreichen Stahltribünen vor die Nase gebaut hatte, sodass gerade ihre Kinnpartie noch über den oberen Tribünenrand lugte, und sie zu steinernen Gratisblitzern und Denkmalszaungästen degradiert wurden, die unfreiwillig ein Rathaus voller Narren, Nackten und Möchtegernaußerirdischen mit baumelnden Silberkügelchen am Kopf betrachteten. Trotz Aids-Charity sahen sie aber auch bloß eines der unzähligen stundenlangen, inhaltslosen meet & greet (&pay) Events. Einmal schien mir Leopold der Glorreiche zu gähnen.
Als Mirjam »Stromstoß« Weichselbraun sich selber synchron übersetzte (»Was it a sentimental moment for you?« - »War es ein sentimentaler Moment für Sie?«), habe ich ganz deutlich gesehen, dass Heinrich Jasomirgott die Augen verrollt hat!

Franz und Sisi

Heute wird Sisi wieder Franz, Franz wieder Sisi anschmachten, und Österreich und weite Teile der restlichen Welt werden dahinschmelzen. Um der Wahrheit die Ehre zu geben, muss man aber sagen, dass Franz Joseph I. in seiner langen Regierungsära ein Weltreich versemmelte.

Durch sein schwankendes Verhalten im Krim-Krieg zerstörte er die guten Beziehungen zu Russland. Durch die Niederlage gegen Napoleon III. verlor er Italien. Durch die Niederlage gegen Preußen wurde er aus Deutschland hinausgedrängt, was den Zwang zum Ausgleich mit Ungarn und die Doppelmonarchie hervorrief.

Seinen Sohn und Kronprinzen verlor er durch Selbstmord in Mayerling, seinen Bruder Maximilian, Schlossherr von Miramare in Triest, durch Exekution in Mexiko, Sisi die Ältere durch ein Attentat des italienischen Anarchisten Lucheni in Genf und seinen neuen Thronfolger Ferdinand durch das Attentat in Sarajewo. Der Erste Weltkrieg war ein Debakel. Sein größter Fan, Joseph Roth, soff sich hauptsächlich wegen ihm zu Tode.

»Franz!« – »Ja, Sisi?« – »Du bist ein Versager! Du bist die erfolgloseste Märchenfigur aller Zeiten!«

»Sisi!« – »Ja, Franz?« – »Das sagst du nur, weil du so depressiv bist!«

Wir sind Kaiser

Hätte ich das ahnen können, dass unser lieber Fastkaiser von Gottes Gnaden zu seinem Schöpfer heimgeht, hätte ich niemals meinen Familienurlaub gebucht und die Beisetzung in der Kapuzinergruft nicht versäumt! Das TV-Event des Jahres! Besser als die Hochzeiten in London und Monaco zusammen! Wir sind Kaiser spezial de luxe! Hoffentlich funktioniert der Videorekorder!
Dass der Fastkaiser sein Herz in Ungarn extra bestatten lässt, finde ich – herzzerreißend! Hoffentlich gibt's auch aus Ungarn eine Live-Übertragung! Naja, live ... Wer wohl die Amputation durchführt? Standesgemäß sicher ein Baron! Oder eine Baronin? Esti? Muss halt einmal ein bissl brav sein!
Da fällt mir ein: Ich habe noch an jeder Hand fünf Finger, an jedem Fuß fünf Zehen – und viele Anhänger in Wien, Graz, Klagenfurt, Leoben, Villach u.s.w. Zwanzig Fangemeinden schaffe ich! Da springen locker zwanzig Beiträge in »Bundesland heute« raus. Ich werde gleich mein Testament ändern! Schließlich muss man etwas für seinen Mythos tun! Nur Herz und Mittelfinger – da bitte ich um Verständnis – bleiben bei mir im Garten (Kultstätte). Das Wichtigste hat man doch immer gern griffbereit. So. Es war sehr schön. Na olsdonn ...

Motivforscher

Kompliziert ist das Leben in hoch entwickelten Demokratien vor allem in Wahlzeiten: Ohne mediale Hilfe könnte sich der mündige Bürger da gar nicht mehr orientieren. So entstehen auch neue Berufe. Wenn Sie es nicht bis zum »Polit-Talker« in einem der News-Formate schaffen, wo Sie die Spitzenkandidaten Wahl für Wahl dieselben Phrasen fragen dürfen, damit Sie Wahl für Wahl dieselben Phrasen zur Antwort bekommen, dann ergreifen Sie doch einfach die absolut unverzichtbare Profession eines Motivforschers.

Eingesetzt werden Sie in der ZIB 2 oder in der ZIB 24, wenn die Spitzenkandidaten schlafen gegangen sind. Ihr Aufgabengebiet: Sie erklären den Fernsehzuschauern, was man den Politikern erklärt, damit sie gut wegkommen, wenn sie miteinander (gegeneinander) vor Fernsehzuschauern (vor der Kamera) sprechen (talken). Toller Job!

Sie sagen zum Beispiel: »Auch wenn es gewisse konstante Positionierungsansätze gibt, muss man sich doch in der jeweiligen Situation speziell präsentieren.« Ganz Österreich antwortet Ihnen: No na! Sie empfehlen: »Nicht immer das Gleiche runterbeten. Nicht ins Wort fallen. Nicht zu viel Vorwissen voraussetzen! Zum rein Sprachlichen, Herr Spitzenkandidat: Es gilt, dem Niveau und der Tonalität seiner Wähler zu entsprechen. Vaschtehst, Oida?«

Kolosseum

Nachtrag eines Details zum letzten Wahlsonntag: Die unerschrockene, haifischbeckenerprobte Ingrid Thurnher unterbrach ein Duell zwischen Herrn Martin und Herrn Stadler, um an Armin Wolf zu übergeben, der an den Korrespondenten in Rom übergab, in dessen Hintergrund das Kolosseum stand: Vielleicht war es auch nur ein Bild des Kolosseums. Falls es das wirkliche war, ließ die Perspektive vermuten, dass man den Korrespondenten im zweiten Stock eines dem Kolosseum gegenüberliegenden Hauses gefilmt hatte.
Jedenfalls gestand der römische Korrespondent seine völlige Ratlosigkeit bezüglich des Berlusconi-Triumphes ein. »Dabei machen Publikumsliebling Roberto Benigni und Intellektuellenliebling Umberto Eco seit Jahren Stimmung gegen den Medienzaren. Für einen Ausländer wie mich schwer verständlich: Berlusconi macht ja eine völlig politiklose Politik!«, sagte der Korrespondent (da musste ich das erste Mal schmunzeln). »Berlusconi veranstaltet bloß panem et circenses: Brot und Spiele!« »Dreh dich einmal um!«, rief ich dem Korrespondenten in den Bildschirm hinein, »schau einmal, wo du bist – und was hinter dir steht!« Aber der ratlose Korrespondent hörte mich nicht, sondern gab zurück zu Armin Wolf, der zurückgab an Ingrid Thurnher, die zurückgab zu Stadler, Mölzer, Martin u.s.w.

Dickens, Freud und Freund

Als Charles Dickens, dessen 200. Geburtstag die literarische Welt gerade gefeiert hat, Amerika bereiste, war er von den Amerikanern schwer enttäuscht. Er beklagte ihre Tischsitten und hielt sie insgesamt für ein Volk von Händlern, die alles zu Geld machen wollen.

Heute, 170 Jahre später, könnte Dickens, um zu diesem Befund zu kommen, gleich in Europa bleiben und vom neuen Gott der Menschheit der alten Welt erzählen, den man seit der Rechtschreibreform anstelle des »tt« mit »ld« schreibt, und statt des »o« kann man auch ein »e« verwenden. Das Fest seiner Geburt heißt »Nixmas«, und seine Lieblingslieder lauten »Kling Smartphone, klingelingeling!« und »Ihr Surferlein kommet.« Kaum auf die Welt gebracht, will Gott schon wieder hinein in die Konsumtempel und ausgegeben werden. Gottverlassen müssen die Gläubigen vor den Gläubigern nach Weihnachten zur Schuldnerberatung flüchten. Keine schöne Geschichte!

Und nicht nur der kleine Mann kann mit dem Geld, das er nicht hat, nicht umgehen. Beim großen ist's genauso. Gott ist das geworden, was er immer schon war: Ein Objekt der Spekulation!

Zurück nach Amerika: Unserem Landsmann Eugen Freund gelang die Freud'sche Fehlleistung des Jahres, als er unlängst in der ZIB sagte: »Nach dem Massaker reist auch Präsident Obama zu einem ökonomischen Gottesdienst an.«

Austria 12 points

Die Song-Contest-Woche im Fernsehen: Zwei Länder, kein Vergleich! Die Deutschen haben Heimspiel (»this is German and means *Heimspiel*«), feiern auf allen Kanälen eine ausgeflippte Party, lassen ihren Star hochleben, schicken ihn von Stadt zu Stadt, von Mitstreiter zu Mitstreiter und stellen ihm (ihr) fast bis in die Tourneebustoilette nach. Überall wird gesungen und diskutiert und wieder gesungen – die Lieder aller Nationen, nicht nur das eigene.

Nach dem Semifinale ist man tief betroffen über das unerklärliche Ausscheiden der norwegischen Kokosnussfraktion und der armenischen Boxerin. Aber man bejubelt den Finaleinzug von Heidi aus den Schweizer Alpen oder der Pusztaperle Kati Wolf, der zweifachen Mutter mit den unendlich langen Beinen. Man schmunzelt über den finnischen John Boy Walton, den Weltrettehirten und selbsternannten Superflirter m.b.H. Stefan Raab (»je suis le Schabracke«) reißt alle mit. Das Niveau der TV-Reportagen, Shows und Showchen mag einmal höher, einmal tiefer, manchmal auch ganz tief sein, aber jedenfalls herrschen allerorts glaubhafte Fröhlichkeit und gute Laune.

Am Küniglberg hingegen veranstaltet der Staatsfunk, eben erst aus seinem selbstverschuldeten Schmollwinkel herausgekrochen, unmittelbar nach dem ersten Semifinale eines seiner berüchtigten Hausmeisterwettraunzen. Vier Friedhofsmehlwürmer debattieren gedämpften Gemütes in einem kahlen Raum im Rahmen einer kleinen Trauerrunde Sinn und Unsinn des Song Contests und stellen die bange Frage: Kitsch oder Kunst?

Wer, bitte schön, will das wissen? Und es ist ja so schrecklich, dass aus den Siegern nichts wird! (Außer dass sie eben in der jeweiligen Nation Nationalhelden auf Lebenszeit sind). Auf die gerade gehörten Beiträge geht man – Ignoranz at its best – im Einzelnen kaum ein, geschweige denn, dass man sie vielleicht noch einmal anspielt und ins Ohr gehen lässt! Zu viel Musik könnte der Abbruchstimmung schaden! Nur keine unnötige Lebensfreude aufkommen lassen!
Der Oberfriedhofsmehlwurm bringt zwar keine zwei Sätze grammatikalisch einwandfrei über die Lippen, meint aber, hier den kritischen österreichischen Intellekt schlechthin vertreten zu müssen, sorgt sich immens um das »Öffentlich Rechtliche« und hofft nur eines inständig, nämlich dass Österreich nur ja nicht gewinnt, um nächstes Jahr nur ja nicht den Grand Prix veranstalten zu müssen. Er ist doch so sauteuer! Öffentliche Millionen und Milliarden können ja bekanntlich viel intriganter, viel ineffizienter, viel weniger umwegrentabel beim Fenster hinausgeworfen und verspekuliert werden und in viel dunkleren Kanälen versickern! (Grundregel: Statt Song Contest lieber noch ein Abfangjäger: Sagt schon Mensdorff ...) Die österreichische Vertreterin (um die Stimmung so richtig anzuheizen, nennt man sie nicht »Nadine«, sondern »Frau Beiler«) wird im Grund schon vor ihrem Auftritt zur Beerdigung freigegeben. Der Obermehlwurm wünscht sich als Sieger Griechenland, und zwar nur aus dem einen Grund, damit der Contest nächstes Jahr infolge Geldmangels insgesamt kollabiert. Das ist also Partystimmung in Österreich! Madigmachercombos aller Branchen, vereinigt euch!

Am kommenden Heiligen Abend lässt man im ORF um 20.15 am besten vier kommunistische Atheisten über Weihnachten fachsimpeln! Wenn es um Fußball geht, bitte nur noch Leute, die messerscharf analysiert haben, dass »zweiundzwanzig Spieler einem Ball nachlaufen«. Dass Deutsche keinen Humor haben, Österreicher hingegen jede Menge: Das ist ein Klischee, das sich mittlerweile einfach nicht mehr aufrechterhalten lässt! So dringend bräuchte dieses auch televisionär heillos machtstrukturverkrustete Land frischen Wind! Aber es kommt eben kein frischer Wind aus alten Windmaschinen!

Totos Triumph

Der große Wolfgang Lorenz, der es schon geschafft hat, die europäische Kulturhauptstadt Graz 2003 ganz ohne Grazer Literatur und Grazer Dichter zu veranstalten, als gäbe es die einfach nicht, dafür aber bei der Eröffnungsfeier in der Stadthalle coram publico 90 Minuten live in einer Strandliege gedöst hat und der für diese richtungsweisende Performance mit dem ORF-Programmdirektorposten belohnt wurde, hat nun urdemokratisch bekannt gegeben, dass Österreich auch 2010 nicht beim Song Contest mittut, weil eine Teilnahme 400.000 Euro kosten würde.

Dazu fällt mir eine der vielen Song-Contest-Schnurren ein: Als Toto Cotugno für Italien 1990 mit »Insieme« gewann, war er erst zwei Tage vor der Veranstaltung nach Zagreb gekommen. Seine Delegation bestand hauptsächlich aus seiner Freundin. Er gab keine Pressekonferenz und besuchte keine Partys. Als Erstes ging er aufs Arbeitsamt und engagierte drei arbeitslose Kroaten als Background-Chor. Im Gepäck hatte Toto einen schneeweißen Anzug und viel Haartönung, das den Anzug im Green Room nach dem Auftritt schwarz färbte. Aber Toto Cotugno gewann trotzdem, und 400.000 Euro kann dieser Sieg nicht verschlungen haben. Vielleicht dringt die frohe Botschaft bis zur Strandliege des Programmdirektors ...

Oslo

Weil die direkte Demokratie in Absurdität und Unsinn gemündet und nur die Unreife der WählerInnen und VoterInnen gezeigt hat, werden die Punkte beim Song Contest zu 50% wieder von einer Fachjury vergeben.
Trotzdem weigert sich der stur außereuropäische ORF nach wie vor, die Musiknation Österreich musikalisch vertreten zu lassen. Hauptargument sind die horrenden Kosten der Veranstaltung: Ich habe von 42 Millionen Euro gelesen: Ich weiß nicht, ob dass das Gesamtbudget ist oder gar die Kosten für jeden Teilnehmer. Aber auch wenn man die Zahl durch die Teilnehmer dividiert, bleibt eine Million Euro: Mir ist ein Rätsel, was daran so teuer sein soll, nach Oslo zu fliegen und ein Lied zu singen!
Daher mein Angebot: Ich mach's! Wir brauchen weder Pressechefs noch Partys, weder Choreographen noch Garderobisten (ich zieh das an, was ich grad im Kleiderkasten finde). Die Delegation besteht aus mir und fünf jungen Backgroundfrauen mit 15 cm hohen Absätzen und 2 Meter langen Beinen. Wir machen einen Stadtspaziergang durch Oslo, verneigen uns vor dem Ibsendenkmal, gehen einmal Lachs oder Rentier essen, dann sing ich a capella ein Gedicht von mir – und basta. Ob ich wie immer Letzter werde, kann ich nicht garantieren. Aber das Beste: Ich mach's – all inclusive und tutto completto – für nur noch 999,90 Euro. Das Angebot steht!

San Remo

Immer, wenn es Februar wird, blättere ich nervös und freudig erregt die Fernsehprogrammzeitschrift durch und forsche nach, wann denn endlich das »Festival della canzone italiana« in San Remo stattfindet: Gewissermaßen der inneritalienische Song Contest! Volaaare! Cantaaare!
Mein Lieblingsmoderator mit Fliege und Frack, Mike Buongiorno, der noch aus der Belle Époque stammte und vor der Erfindung des Festivals und Fernsehens anno 1950 Zahlkellner im Grandhotel Angst gewesen sein muss, ist zwar mittlerweile samt Fliege und Frack in Pension gegangen. Aber das Um und Auf der Bühne im Teatro Ariston ist ohnehin die gigantische Showtreppe, die nur dazu da ist, dass eine Woche lang die edelsten Barden und erdigsten Rockröhren herunterstolzieren – und dazwischen die schönsten der Schönen von Laetitia Casta bis Penélope Cruz in aktueller Designermode. Nicht zu vergessen das Blumenmeer von der ligurischen Riviera: Primavera italiana!
Alle, alle sind sie aus dem Festival hervorgegangen: Al Bano und Alice, Gianna Nannini und Antonello Venditti. Und in Italien folgt auf »Starmania« keine Stardepression. Die Italiener lieben und feiern ihre Künstler das ganze Jahr: Ob Alex Britti oder Stadio, Dolcerena, Nomadi, Irene Grandi oder Emma Marrone. Das ist der Unterschied: In San Remo singt man nicht nach. Da singt man.

Gianna

Das große Ziel von Gianna Nannini, der höchst bemerkenswerten Rockröhre aus Siena, ist es, mit 75 Jahren zum Elternsprechtag zu gehen, weshalb sie jetzt rechtzeitig 20 Jahre vorher ihre Tochter Penelope zur Welt gebracht hat. Über den Vater schweigt sie sich aber aus.

Das alles ginge mich überhaupt nichts an, und ich hätte auch nicht ein Wort darüber verloren, hielte sich in meinem Freundeskreis nicht hartnäckig das Gerücht, niemand Geringerer als ich selbst sei der Vater. Immerhin seien Gianna und ich ja seit Jahrzehnten gemeinsam auf Tournee, ich im Auto, Gianna im Autoradio. Einmal habe mir Gianna Nannini sogar das Leben gerettet (die genaue Geschichte in meinem Roman »Absturz aus dem Himmel«), und ich hätte mich nun auf diese schöne Weise erkenntlich gezeigt.

Deshalb sage ich es hier in aller Klarheit und Öffentlichkeit: Nein! Ich war's nicht. Unsere Liebe ist tief, aber rein platonisch und akustisch. Ich bin zu alt für solche Späße!

Falls ich es erlebe, möchte ich mit 75 lieber einen weißen Anzug mit Hut mit Spazierstock mit goldenem Knauf tragen, auf der Strandpromenade von San Remo flanieren und abends zum Festival della canzone ins Theater Ariston gehen! Wer weiß, vielleicht steht dann wieder einmal die große Gianna selbst auf der Bühne, stöckelt elegant die Glastreppe herunter, und vielleicht singt sie ein Duett mit einer jungen Frau, die ihr sehr ähnlich schaut ...

Jetzt anders

Die Aufgabe, die ich mir selber stelle, ist, das zu schreiben, was manche denken, aber niemand sagt. Und deswegen erzähle ich, wie ich letztens im schönen Städtchen Hermagor in der Konditorei am Hauptplatz saß.
Als ich gerade in meinen Wulfenia-Taler beißen wollte, wer, glauben Sie, kommt da bei der Konditoreitür herein? Richtig! Dieser sympathische Junge, na wie hieß er noch gleich? Der von dieser Castingshow mit dem strahlenden Lächeln! Ein bisserl ein Lulatsch, ja! Ich weiß alles über ihn: Was er gerne isst, wann er seine Oma besucht, welchen Frauentyp, welchen Hair-Stylisten und welchen Fingernagel-Designer er bevorzugt. Er hat sich eine große Musikkarriere erwartet, er war ja ein halbes Jahr lang jeden Freitagabend stundenlang im Fernsehen, und sein großer Hit hieß – hab ich jetzt vergessen. Wie oft hab ich für ihn gevotet! Ich hab mich bis heute nicht von der Telefonrechnung erholt!
Na, wie heißt der bloß? Nein, nicht der, der die Bundeshymne gesungen hat und in der Psychiatrie gelandet ist, nein, ich meine diesen total sympathischen ...
Das Friendshipticket hat aber dieser Dings bekommen, der Hosenverkäufer, oder der mit dem Augenleiden, oder nein, der mit dem Wimmerl ... Jetzt fällt's mir wieder ein: »Dieser Moment soll ewig sein« hat er gesungen. Tja.
Was ich sagen wollte: In den letzten Wochen war viel von Kindesmissbrauch die Rede. Oft reden die Opfer erst nach Jahren. Auch die Opfer von medialem Kindesmissbrauch ... sofern man sie dann eben noch lässt!

Robinsons Waterloo

Eine bebilderte Nachricht in der ZIB 2: Der nordirische Premier nimmt eine sechswöchige Auszeit, denn er hat unter der Affäre seiner fast 60-jährigen Gattin mit einem 19-jährigen zu leiden, dem sie auch noch Steuergelder zuschanzt. Und weil man den Filmbericht mit einem akustischen Teppich unterlegen muss und die Dame zufällig Robinson heißt, ist ein ganz gefinkelter Musikteppichexperte beim ORF auf die geniale Idee gekommen, dafür »Mrs. Robinson« von Simon & Garfunkel zu nehmen, Titelmelodie im Film »Die Reifeprüfung« mit dem blutjungen Dustin Hoffman aus dem Jahr 1967, der – noch ein Zufall – dasselbe Thema behandelt.
Sicher hat die AKM ihre Sensoren ausgefahren – und Simon & Garfunkel kassieren nichtstuend Tantiemen. Weil vermutlich in allen Sendern europa- wenn nicht weltweit dieselben Musikteppichexperten mit denselben Assoziationsmustern und bedingten Reflexen sitzen, hat die nordirische Mrs. Robinson mit ihrer Affäre dem amerikanischen Duo einen schönen und lukrativen Abend beschert. Aber welcher Zufall bringt Geld und Erfolg! Hieße die Dame nicht Robinson, sondern z. B. Waterloo, hätte ABBA kassiert. Hieße sie weder Waterloo, noch Robinson, hätte man »Belfast« gespielt und Boney M. bezahlt. Waterloo & Robinson hätten so oder so durch die Finger geschaut ...

Heilige Nadine

Gerade erst hat Nadine (oder um es genau zu sagen: unsere Goldnadine) schier unbezwingbare Musikkonkurrenz wie Alkbottle oder Oliver Wimmer aus dem Weg zum Ruhm geträllert. Demnächst soll sie mit ihrer dramatischen Ballade dafür sorgen, dass ORF-Österreich nach langer Abstinenz nicht wieder Letzter beim Song Contest wird, sondern sich souverän für das Finale qualifiziert. Der Spatz von Inzing soll dort nicht mit Mireille Mathieu verwechselt werden, sondern mit ihrer großen Stimme auch noch den längst überfälligen Triumph einfahren. Ich werde die Daumen halten. Versprochen.

Aber jetzt schaut mich Nadine treuherzig wie ein Nadinchen mit rosa Wollhauberl und Kulleraugen aus der Froschperspektive an, und darüber steht: »Nadine gegen atomare Bedrohung!« Jetzt mache ich mir ernstliche Sorgen: Ein bissl viel das alles auf einmal! Ob die nukleare Patscherkofel-Jeanne d'Arc all diesen Riesenaufgaben gewachsen ist?

Manchmal denke ich mir: Mädchen, bleib bei deinem Leisten! Der Osten ist auch nicht wegen Nicole zusammengebrochen! Singen kann Andrea Hofer zweifelsohne, aber wenn es um Weltrettung geht, halte ich mich doch lieber an wirkliche Experten mit der nötigen Erfahrung. Also zum Beispiel an Udo Jürgens. Oder an Hansi Hinterseer.

Ein Kind (von Conchita Wurst)

Vieles ist mir unbekannt, zum Beispiel das Sexualleben meines Friseurs. Lieber lasse ich mir ohnehin von einer Friseuse die Haare schneiden, allerdings nur, wenn sie keinen Vollbart hat.

Und damit wäre ich auch schon bei der Causa prima, bei Frau Wurst. (Fräulein darf man ja nicht mehr sagen: Da könnt' man gleich Würschtel sagen ...) Der Österreicher zeichnet sich ja von altersher durch eine großartige Eigenschaft aus, durch Toleranz (sinngemäß: Wurschtigkeit), und bis heute sagt er sich am Freitagabend: »S'ist wohl nur Chimäre, aber mich unterhalt's.« Dem pflichte ich gerne bei.

Zu viel wird es mir aber, wenn ein Groupie (oder noch schlimmer: eine Jurorin) die schreckliche Phrase kreischt: ICH WILL EIN KIND VON DIR!

Nicht so gemeint? Doch! Hinter der Phrase steckt genau die Respektlosigkeit vor der Reproduktion, vor dem Kind! Es ist ja leider nicht weit hergeholt, sich fortzupflanzen, ohne sich vorher kennen gelernt zu haben. Sein Psychodrama muss das Kind dann selber ausbaden, das vaterlose, das mutterlose, das elternlose, wohlstandsverwahrloste Kind, das sich einer bloßen blinden Laune verdankt, einem kurzen Überschwang. Die großen Katastrophen der Gesellschaft schleichen sich immer als kleine Fehler ein. Der zitierte Satz ist einer.

Anything go

Im Fall des Sieges meines ungarischen Favoriten hätte mein Einsatz gelautet: Ungarisch lernen. So gesehen habe ich am Song-Contest-Samstag viel gewonnen: Nämlich eine ganze Menge Freizeit.
Eine befreundete Englischprofessorin wiederum versprach bei meiner Song-Contest-Kellerparty: »Wenn Österreich gewinnt, fresse ich einen Besen!« Beide hatten Glück; er, der Besen, muss auf nächstes Jahr warten. Trotz der Renaissance der Expertenjury zur Eindämmung von Tralala-Nationalismus hieß der Tophit auch heuer wieder »Taken by a neighbour«, übrigens nicht nur in Skandinavien, am Balkan, im Baltikum und in good old UdSSR, sondern auch in den Deutschsprachländern. Aber sei's drum, Fest bleibt Fest, und es gewinnt trotz der Aktion »Nachbar in Punktenot« jedes Jahr ein anderes Land, heuer zum Beispiel: Irgendwer.
Mir gefällt am Contest, dass offensichtlich 98% der europäischen Bevölkerung weiblich, unter 25 und bildhübsch sind. Die Englischprofessorin hingegen litt Qualen, denn eine der Beautys sagte »12 Points goes ...«, die nächste »8 points go ...« die übernächste wieder »10 points goes ...« Den Contest sehen Millionen von Schülern! Was soll sie die noch lehren? »Schreibz was ihr wollz! Anything goes! Oder halt anything go! Oder anything go home!«

Helgason

Im Roman »10 Tipps, das Morden zu beenden und mit dem Abwasch zu beginnen« des isländischen Autors Hallgrimur Helgason spielt der Song Contest und vor allem der kroatische Beitrag 2006, »Moja Stikla« (dt. »Meine Stilettos«), eine zentrale Rolle, dargebracht von Severina, einer der laszivsten Teilnehmerinnen der SC-Geschichte überhaupt, die zuvor schon in der Filmbranche von sich reden gemacht hatte.
Letztes Jahr nannte der irre rechtsradikale norwegische Massenmörder Anders Breivik als eines der zahllosen wirren Motive für seinen schrecklichen Terroranschlag von Oslo, dass ihm der norwegische Beitrag »Haba Haba« (dt. »Haba Haba«) der süßen Stella Mwangi nicht gefallen habe. Mistkerl! Auch Norwegen kann nicht immer das »Brandenburger Tor« besingen wie anno 1990 in Zagreb! Damit schließt sich mein kleiner Kreis, der zeigen soll, dass der Song Contest viel mehr als ein Musikwettstreit ist, ein gesamtgesellschaftliches Phäno-men Europas nämlich.
Tu felix Austria wirst heuer zwar wohl nicht gewinnen, aber vielleicht berühmt dafür werden, dass du erstmals in der Musikgeschichte Flatulenzen als Refrain einführst. Immerhin! Gewinnen wäre in Zeiten, wo überall eingespart werden muss, ohnehin viel zu teuer.

»Das kommt von der Freigabe der Drogen!« lautet eines der Postings zum holländischen Song-Contest-Beitrag (in dem Winnetous niederländische Schwester jodelt). Viel und viel Zufälliges findet man heute im Internet, auch wenn man gar nicht sucht, bloß surft, auf youtube zwischen den Teilnehmerclips auch einen, der heißt: »Die Wahrheit über Aserbaidschan«.
»Wussten Sie eigentlich«, werde ich (und Sie!) gefragt, »dass es in A. keine Opposition im Parlament gibt, Bürgerrechtler überwacht, schikaniert und eingeschüchtert werden, über 50 politische Gefangene hinter Gittern sitzen und es gefährlich ist, als Journalist zu arbeiten?«
Jetzt wissen wir es. Ich fürchte nur, bis 26. Mai werden sich die Missstände von Machtmissbrauch bis Menschenrechtsverletzung nicht mehr ganz beseitigen lassen, und auch den Präsidenten, der sich am liebsten mit der Knarre filmen lässt, werden wir nicht wegbringen. (Wenigstens die eingerauchte Niederländerin wird von all dem ja nichts mitbekommen.)
Bleibt also nur zu hoffen, dass Österreich nicht gewinnen wird – aber nicht wegen des bisschen Popogewackels, sondern damit die internationalen Medien ihren Fokus nächstes Jahr nicht auf Österreich richten, auf ein Parlament voll Gier, Geld und Skrupellosigkeit; auf Machtmissbrauch, Korruptionsorgien und Zweiklassenjustiz, auf Intellektuelle und Künstler, die ignoriert, ignoriert und nochmals ignoriert werden …

Schweden

Meine kleine Song-Contest-Nachbetrachtung: Zugegeben, Platz 46 von 46 möglichen ist nicht unbedingt geeignet, den Nationalstolz in ungeahnte Höhen zu peitschen. Aber umgekehrt: Wissen Sie noch, welche europäische Nation letztes Jahr Letzter wurde, welche vorletztes Jahr? Eben! So schlimm kann die Schande also nicht sein. Und wer (außer mir) wird nächstes Jahr noch von der mazedonischen Gianna Nannini schwärmen, die zwar ins Finale gekommen ist, dort aber Platz wasweißich belegt hat. Also: Dabei sein ist alles!

Der schwedische Siegertitel war bei meinen Favoriten. Ge-schickt war dabei wohl auch, choreographisch und lichttechnisch einfach einen Wallander-Krimi nachzustellen. Nur habe ich bis zum Ende nicht ganz begriffen, wer da der Mörder und wer das Mordopfer war.

Jedenfalls bin ich meinen LeserInnen im Wort, denn ich habe ja versprochen, im Fall des Sieges eines meiner Favoriten live vor Ort über die olympischen Singspiele zu schreiben. Das heißt also: Schweden! Dort war ich noch nie und kenne persönlich eigentlich nur Pippi Langstrumpf und August Strindberg. Und weil alles sehr teuer ist, lege ich ab sofort einen Euro vom Honorar für jede Glosse zur Seite. Dann wird es schon klappen!

A Buach

Unlängst beendete ich ein Manuskript, das begann mit den Worten: »I schreib' a Buach fir di, und donn frogst du mi, wüllst mit mir les'n geh'n. I glab, I steh auf di!«
Der Agent war begeistert und versicherte mir, damit würde ich den endgültigen Durchbruch schaffen. Der Verleger bereitete eine Millionenauflage vor. Alle anderen Autoren zeigten sich indigniert und schimpften entrüstet: »Unterhaltungsliteratur!«
Andere verteidigten mich mit dem Hinweis, in England und den USA unterscheide man auch nicht zwischen E und U. Den Neid aller hatte ich mir verdient, denn ich war ins TV zu Ster-Grissemann eingeladen, wo darauf hin-gewiesen wurde, dass ich bei »Wir sind Kaiser« einge-laden war, dort, dass ich bei »Kratky« eingeladen war (Kratky hielt mir zu Ehren 30 Minuten lang non-stop die Augen geschlossen), dort, dass ich bei »Dancing Stars« eingeladen, dort, dass ich auf 3sat den Bachmannpreis kommentiere (auf Tonspur 2 verreißen mich Ster-Grissemann).
Alles war auf Schiene. Das Projekt scheiterte nur an einem Vertragspassus: Ich hätte bei allen Auftritten eine Krachlederhose tragen müssen. Nie! Jetzt endet mein Buch tragisch mit den Worten: »I schreib' ka Buach fir di, und du frogst mi net: Wüllst mit mir les'n geh'n ...«

Ein bisschen Werbung

Der Hausverstand

Statt des Bildungsfernsehens gibt es heute Werbefernsehen. Früher bedienten sich die Dichter von Lessing bis Goethe und Novalis der Allegorien und gaben »Fortuna« oder »Justitia« ein Gesicht. Dürer zeigte die »Melancholie« als Kupferstich. Vor hundert Jahren stellte Hofmannsthal im »Jedermann« abstrakte Begriffe wie »Glaube«, »Werke« oder »Tod« als Personen dar. Heute personifiziert Billa den »Hausverstand« und McDonald's arbeitet gerade am »Geschmack«.

Mir waren Geschmack und Hausverstand nie ganz geheuer. Seit ich nun dank des billigen Ladens weiß, dass der Hausverstand ein bleicher Typ mit dussligem Gesichtsausdruck ist, der niemals lacht und immer Rollkragenpullover trägt, ist er mir noch ein wenig unsympathischer: Diesem Ödmops traut man rein gar nichts zu, außer eben drittklassigen Schauspielerinnen Binsenweisheiten ins Ohr zu flüstern.

Billa muss mir nicht böse sein: Erstens ist eine Werbung ja dann gelungen, wenn sie auffällt, aufregt, und wenn das Produkt, das beworben wird, von mir prinzipiell nicht gekauft wird. Zweitens ist auch der »Jedermann« rein literarisch betrachtet ein schwaches Stück, sprachlich hölzern und den »Mammon« für die Eintrittskarte nicht wert, aber eben notwendig, um anschließend gut essen zu gehen. Sagt der Hausverstand.

Pangzion

Nicht nur der »Hausverstand« und der »Geschmack«, auch die »Bank« tritt in meinem magischen Wohnzimmerviereck neuerdings als Allegorie auf, als abstoßender, völlig deplatziert, steril und geschlechtslos wirkender Mann im grauen Anzug auf der Couch.

Er sieht ob seiner bloßen Anwesenheit im fremden Wohnzimmer peinlich berührt dabei zu, wie ein Kind, das noch nicht einmal stehen, geschweige denn aufrecht gehen kann, dabei ist, das erste Wort seines Lebens zu brabbeln. Es lautet PANGZION! Ich glaube, das Kind ist auch eine Allegorie: Es ist ein Kind unserer Zeit. Sein Leben ist von Geburt an so unerheblich und unabenteuerlich, so parzelliert, programmiert und ferngesteuert, dass man vom Krabbelalter an, noch bevor man irgendetwas weiß oder kann, an die Pension denkt. Sonst wird nichts los sein in deinem Leben, Brabbler! Sieben Tage in der Woche, mehrmals täglich, vor und nach jedem Mystery-Streifen oder Actionthriller: PANGZION!

Und wie man dazu kommt, weißt du auch schon dank des zweiten Wortes deines Lebens: BANK! Deine Bank sorgt für dein Ausgedinge! Und der Waschlappen neben dir, das ist der: PAPA! Was für eine Existenz! Da kann man sich den aufrechten Gang sparen. Ich weiß, mit Banken soll man es sich nicht verscherzen, auch wenn ihre Werbeclips unausstehlich sind. Aber ich bin eh bei einer anderen.

Educated Guess

Jack Unterweger ist im Himmel! Das wundert mich zwar angesichts seiner irdischen Taten, aber die Wege des Herrn sind unergründlich. Und im Himmel kann man schnell Karriere machen! Eben war John Malkovich noch Unterweger, dann war er Klimt, jetzt ist er – schwups durch das Fegefeuer gesaust – schon der liebe Gott zwischen weißen Wolken. Leider interessiert er sich hauptsächlich für Kaffee.
Lieber Gott Malkovich, schau doch einmal zu uns auf die Erde herunter! Da könntest du nämlich den ehemaligen österreichischen Formel-1-Weltmeister Nikolaus Lauda in einem Restaurant sitzen und eine Alu-Folie bestellen sehen. Und weil es im Lokal schlagartig still wird, erklärt er lachend »Ich habe ja nichts zu verschenken!«. »Geiz ist geil« konnte er nicht sagen, der Spruch ist urheberrechtlich wohl schon geschützt. Aber zum Wort »Geschenk« könntest du, lieber Gott, Herrn Lauda belehren: Sein Leben ist ein Geschenk, das die Streckenposten ihm damals am Nürburgring gerettet haben. Seine Niere, die er in sich hat, ist ein Geschenk. Seine Pizzareste sind kein großes Geschenk, die will eh niemand haben!
»Wofür wird denn da eigentlich geworben«, fragt Clooney Himmelskaffee schlürfend. »Make an educated guess!«, sagt Gott. »Na, ich schätze, für Alufolien!«

Boris Becker trinkt!

Henry Kissinger, Woody Allen, Alex Fergusson, Michael Ballack und ich haben eines der spannendsten Wimbledon-Finale aller Zeiten gesehen: die einen am Centre Court, die anderen (ich) auf DSF.

Sorgen mache ich mir um den edlen Tennissport keine: Denn nach jedem zweiten Game setzen sich die Spieler anlässlich des Seitenwechsels eine Minute nieder – und man kann eine Minute Werbung machen! Und daher habe ich als DSF-Kunde etwas gesehen, was die auf den Tribünen in der Churchroad nicht sehen konnten: Vlad Tepes! Ok., doch nicht, bei näherem Hinsehen war es Boris Becker. Und was machte der frühere deutsche Wimbledonsieger? Er trank! Nach jedem zweiten Game nahm Boris Becker wieder ein frisches Glas Bier zur Hand und schüttete es ungerührt in sich hinein. Das Duell Federer-Roddick endete 5/7 7/6 7/6 3/6 16/14.

Wenn ich mich nicht verzählt habe, sind das 67 Games oder 33 große »König Pilsener«: Der Mann soff sich vor einem Millionenpublikum, das Sport sehen wollte, an! Komplett! Er zerstörte seine eigene Legende. Es ist mir schon klar, wie schwer es ist, als einstige Weltberühmtheit wieder ins normale Leben zurückzufinden. Aber man muss ja auch an die Vorbildwirkung denken! An die Jugend! Ich mache mir Sorgen um den wunderbaren Roger Federer! Roger, bitte bleib trocken! Und wenn schon, dann nur Ovomaltine trinken!

Rufen Sie nicht an ...

In der Fastenzeit habe ich auf Fernsehmorde verzichtet. Jetzt im Advent faste ich Telefongesellschaftswerbeclips. Kaum beginnt einer, tippe ich auf die Lautlostaste, schließe die Augen und zähle bis dreißig, dann ist er vorbei.

Daher weiß ich zwar weder, ob der Weihnachtsmann das Christkind oder den Inder oder wer wen verprügelt, aber ich handle so, dass die Maxime meines Handelns zum allgemeinen Gesetz erhoben werden könnte. Noch geiler als Geiz ist Askese, noch dazu, wenn sie subversiv ist! Früher habe ich viel und gern telefoniert. Seit es aber nur im Interesse der Umsatzmaximierung der Mobilnetzbetreiber ist (und außerdem korrupte Politiker üppig mitschneiden), die mir Smalltalk in grellsten Tönen und Bildern als Nonplusultra aufschwatzen wollen, interessiert es mich gar nicht mehr.

Schon nach zwei, drei Tagen Fasten spürte ich Druckabfall und Erleichterung, und ich fühlte mich wie ein Mann von Welt. Denn ein Mann von Welt ist eben nicht immer erreichbar, er kümmert sich nicht um die günstigen Tarife und Fixkosten, er »smst« nicht um des »Smsens« willen und schaltet sein Handy überhaupt nur ein, wenn akute Lebensgefahr besteht. Er ist so frei, dass er über 1000 Freiminuten nur lachen kann. Generös ruft er seinen Mitmenschen zu: »Rufen Sie nicht an. Wir rufen Sie auch nicht an.«

Sollten die Maximen des Manns von Welt dazu führen, dass weltweit etwas weniger Schwachsinn den Äther akustisch verschmutzt, wäre damit sogar ein Weihnachtswunder geschehen.

Unumstrittener Höhepunkt des Werbefernsehens derzeit: Ein Schwein hält eine Rede zur Lage der Nation. Das ist nichts Neues, sagt meine Nachbarin Frau Wegscheider, das haben die Schweine immer schon getan. Früher wurden sie nur besser geschminkt.

Und wenn so viele blitzende Mikrophone vor seiner Schnauze Spalier stehen, verliert so ein Schwein schon einmal die Bodenhaftung und grunzt den »lieben Österreichern und Innen« (Gott, wie originell!) das Blaue vom Himmel. Die Wahrheit ist den Schweinen wurst! (Allein für den Satz müsste ich wieder einmal einen größeren Literaturpreis kriegen, aber kein Schwein ruft mich an. Typisch!)

Was die Nation von seinen Weisheiten hält, muss das Schwein nicht kümmern. Die Nation aber weiß instinktiv, was das Schwein nicht weiß: Dass sein Ablaufdatum bereits gebrandmarkt ist. Wenn es geschlachtet – oder vornehm formuliert: aus dem Amt geschieden – ist, wird es schnell still um das Schwein. Es endet als unverdaulicher Rest dort, wo keine Werbefernsehkamera hinschaut.

Die Nation weiß aber auch, dass nach der Schlachtung sofort ein neues Schwein vor die Mikros tritt – daher nützt sie solche Schweineansprachen traditionell, um ihren menschlichen Bedürfnissen nachzukommen ...

Bauer sucht Sau

Es gibt Tage, an denen sehe ich gar nicht fern, sondern fahre aufs Land und wandere über die Alm. Am Wegesrand stehen junge, hübsche Dinger Spalier, die Resi, die Zenzi und die Vroni, die dem Agrarkulturschaffenden den Hof machen wollen. Und da kommt auch schon der Bauer auf seinem Traktor dahergeknattert.

Auf sein kariertes Hemd ist links in Brusthöhe ein großes rotes Herz gestickt, und er kaut nostalgisch an einem Bio-Grashalm. Der Bauer sucht aber keine Frau, sondern eine Sau. »Schweinderl, wo bist du?«, ruft er wohlgemut in die Alpinlandschaft hinein, und das Echo antwortet ihm: »Schweinderl, wo bist du?«

Da ist ja das Schweinderl! Es kommt gerade aus der Schule, wo es reden gelernt hat. Da soll noch einmal jemand etwas gegen unser Schulsystem sagen! PISA-Studie, lächerlich! Bei uns werden sogar die Schweine zum Sprechen gebracht: ein ergreifendes Bekenntnis zur Gesamtschule! Und auch die ärgsten Rabauken haben das AMA-Gütesiegel!

Süß ist das Schweinderl, wie es so am Boden schnüffelt. »Du, Bauer«, fragt es, »werde ich heuer noch geschlachtet?« Da kaut der Bauer an seinem Grashalm und antwortet: »Ja natürlich!«

Werbung

Rapid und Mattersburg beschwerten sich beim ORF darüber, dass die Live-Übertragung ihres Duells wegen des Davis-Cups und eines Schispringens um 7:52 Minuten zu spät begann. Aber die Vereine taten es nicht im Namen ihrer Anhänger, die so unnötig auf die Folter gespannt wurden, daheim fußballfiebrig kein Bild am Bildschirm hatten und so eine entscheidende Spielsituation oder gar ein Tor verpassen hätten können – weit gefehlt! –, sondern weil dadurch »der Werbewert verringert wurde«.

Die Schriftzüge von VISA, ÖMV, Ottakringer etc. waren 7:52 Minuten weniger im Bild! Darum ging es den Vereinen! Sportfernsehen ist bekanntlich die Verlängerung des Werbefernsehens mit anderen Mitteln. Werbung ist natürlich notwendig, denn man muss ja dann und wann aufs Klo gehen. Das sagt einem ja schon der Hausverstand! Aber man kann ja nicht eineinhalb Stunden ununterbrochen am Klo sitzen, wenn man nicht gerade an einer Darmgrippe laboriert! Sport als reine Advertising-Show, bei der das Drumherum zur Hauptsache, die ehemalige Hauptsache (mit Sieg und Niederlage am Ende) zum Drumherum verkommen ist? Wenn sie dazu führt, dass Sponsoren aus Geldmangel Gelder kürzen, Einfluss verlieren und der Sport dadurch wieder sportlicher, wenn auch ärmer wird, dann freue ich mich schon auf die Wirtschaftskrise!

Im Glashaus

Wer im Glashaus sitzt ...

Der Papst in Österreich und dann gleich in Mariazell zu den 850-Jahr-Feiern: Für Nichtatheisten eine Topsensation und ein Megafaszinosum; für Existentialisten keine große Sache. Gut, 850 muss man erst einmal werden: Aber Städte und auch Wallfahrtsorte haben eine hohe Lebenserwartung. Das Christentum ist schon viel älter. Die Christen werden nie so alt.

Jedenfalls lungert der Existentialist müde vor dem Fernseher und sieht, wie die Nichtatheisten stundenlang im strömenden Regen am Straßenrand ausharren, bis endlich der Panzerwagen vorbeikommt, aus dem ihnen der Mann mit den weißen Haaren zuwinkt, den sie schon so oft im Fernsehen gesehen haben. Nach dem Papamobil kommt auch noch die Seitenblickekamera, und ein paar verzückte Auserwählte in der Regenhaut dürfen ins Mikro sagen: Das war das größte Erlebnis ihres Lebens. Und dann schüttet es weiter. Kinder haben dem Papst etwas geschrieben, wissen aber nicht mehr was. Sie haben etwas gezeichnet, finden aber die Zeichnung nicht.

Aus den Medien wissen die am Straßenrand auch, dass der Mann gewöhnlich bis zur Mitra hinauf ganz in Weiß erscheint, nur mit roten Schuhen. Jetzt ist die Menge doch ein wenig – nein, nicht enttäuscht, aber doch – irritiert, dass seine liturgische Kleidung extra angefertigt wurde: gelb (für das Licht, das nicht gelb) und blau (für den Himmel, der nicht blau war). So hätte man ihn, wenn man es nicht besser wüsste, mit einem schwedischen Kardinal verwechseln können. Vielleicht ein diskretes Signal für die Ökumene.

»Irritation« ist eines der Nomen, die in Zusammenhang mit dem aktuellen Papst besonders gerne verwendet werden. Dazu zwei Frohbotschaften: 1. Minister Darabos steht zur Fristenlösung (na Gott sei Dank!). 2. Superintendent Sturm bestellt schöne Grüße und wünscht sich gleiche Augenhöhe. Existentialisten haben keine Wünsche an den Papst und richten keine Worte an ihn. In die Probleme der Nichtatheisten und Arealisten mischt sie sich nicht. Zölibat? Vereinsproblem! Frauenpriestertum? Internum. Priestermangel: Spricht für sich. (Einfach beim Arbeitsamt Krakau anrufen!) Wie sich die Orthodoxen und die Protestanten in Sibiu verstehen werden? Nicht seine Sorge.
Fußball ist bekanntlich Religion. Religion ist aber auch eine Art Fußball, jedenfalls im Fernsehen. Statt des WM-Studios ein Papst-Studio: das seit biblischen Zeiten bekannte Glashaus. Der Papstbesuch war ein Mittelfeldgeplänkel und hatte von Anfang an 0:0-Charakter. Es ging einfach um nichts mehr, und man wollte einander nicht wehtun. Einen eigenen Typus Frau hat die Religionsredaktion als Moderatorin hervorgebracht: Selbstbewusst und aufgeklärt, groß, schlank, kein Kopftuch und kein Lächeln. Hohle Phrasen, würdig abgesondert. Hosenanzug. Schmucklos. Nordisch. Nicht atemraubend, aber nicht unattraktiv. Gut gebaut, aber ohne jeden Sexappeal. Eine Art Boris Jirka eben. Neben ihr im Glashaus fürs Eingemachte Experten, allen voran Professor Paul Zulehner, der ecclesiogene Herbert Prohaska. Was man wissen muss und mitnehmen kann: »Benedikt ist von seiner Persönlichkeit her nicht der, der die Nähe sucht und genießt. Manchmal kippt das aber doch in diskrete Freude, dass er ein biss-

chen gefeiert und gewürdigt wird.« »Der Papst hat Habermas zitiert« (ein Raunen geht durch die Basis!). »Der Papst liebt die Kinder« (aber sicher auch die Erwachsenen und die Alten). »Der Papst liebt Europa« (aber sicher auch Asien, Afrika usw.). »Es geht dem Papst um den Menschen – wie in der Psychoanalyse bei Frankl. Jesuanisch.« »Auch Päpste müssen essen.« »Gottesdienste haben gottvoll und erlebnislebendig zu sein.« »Die Pfarrgemeinderäte sind ein leichter Hauch von Demokratie in der katholischen Kirche.« »Papst Benedikt zieht sich in der Sakristei um und dann bis zur Vesper zurück.« Wer im Glashaus sitzt ...

Was bleibt vom Besuch? Die Gläubigen werden weiter glauben, die Ungläubigen weiter nicht. Das Wort *Religionsfreiheit* hat weiterhin zwei Bedeutungen. Verlängerung. Zum 900-Jahr-Jubiläum kommt der Papst sicher wieder. Und sicher wird es wieder schütten. In Mariazell schüttet es ja immer. Zwei Pilger sind leider beim Pilgern gestorben: Einer so alt wie der alte, einer so alt wie der neue Papst. Sonst weiß man nichts von ihnen, dabei geht es bei der ganzen Veranstaltung genau darum. Aber Benedikt hat die beiden sofort in sein Gebet miteingeschlossen und ist sich sicher, dass die Heilige Maria sie direkt in den Himmel zum Tisch des Herrn mitgenommen hat. Genau deswegen funktioniert die Geschichte schon seit 2000 Jahren so wunderbar, mit oder ohne Studio.

Die Probleme der Religionsredaktion des Fernsehens

1. Gott ist nicht sichtbar.
2. Der Papst ist alt.
3. Bei der Heiligen Messe tut sich nichts. Es gibt so wenig spielentscheidende Szenen, so wenig überraschende Situationen und entscheidende Wendungen.
4. Die fahnenschwingenden Kinder am Straßenrand sind unergiebig.
5. Prozessionen kommentieren: Das ist die Hölle.
6. Bei Livesendungen bisher nicht eine Auferstehung, nicht eine Himmelfahrt, nicht ein elender brennender Dornbusch! Einfach nichts! Nur alte, verkleidete Menschen.
7. Hätte es im Mittelalter schon Fernsehen gegeben, hätte man wenigstens ein Inquisitionsstudio einrichten und ein Großinquisitorflashinterview führen können. Oder ein Scheiterhaufenstudio mit Hexenverbrennungscountdown und Hexenverbrennungsanalyse. Zwischen den Hexenverbrennungen ein paar Werbeeinschaltungen: »Diese Hexenverbrennung widmete Ihnen Dortmunder Union Pils.« Aber heute?

Medjugorje

Als alter Doris-Appel-Fan wieder mal »kreuz & quer« geschaut. Es ging um Medjugorje. 30 Jahre Marienerscheinungen, 30 Millionen Pilger. Erstmals erschien die Muttergottes 1981 sechs Kindern, die sich zum Zigarettenrauchen davongestohlen hatten. Ich sehe das als Zeichen. Sie rüffelte die Kinder aber nicht wegen des Rauchens, sondern predigte Fernsehreduktion und Weltfrieden. Mit dem anschließenden Balkankrieg hat sie ein bissi Pech gehabt. Wuaschd. Dass sie mit den Worten entschwand: »Habt ihr für mich auch eine?«, ist noch nicht offiziell bestätigt.

Aber so viele Lichtlein bei der Lichterprozession! In allen interviewten Betongesichtern war eingemeißelt: Wir sind voller Freude! Hauruck! Und im akustischen Hintergrund: Hosannah in excelsis, Endlosschleife!

Ich war total begeistert und hatte nur ein Ziel: einen Platz im Pilgerbus nach Medjugorje. Sicher ist er voller toller Typen! Xanor, Dosenespresso, Antibiotika und den Nitrolingualspray hab ich eh immer bei mir. Bier besorg ich noch. Wie zu sehen war, gibt es zum Glück jede Menge Souvenirshops mit Millionen Gospas und Millionen Maria-Feuerzeugen für die Millionen Pilger, damit man Maria bei einer ihrer Erscheinungen Feuer geben kann, wenn sie wieder eine rauchen will.

Ich gelobe: Wenn mir die Gospa erscheint, schreibe ich nicht nur ein Buch über meinen Bustrip nach Medjugorje, sondern fange selbstverständlich sofort wieder zu rauchen an. Dann können mich die Internisten und Kardiologen kreuzweise. Dann komme ich eh in den Himmel.

Kristina: Hast du jetzt Zeit?

Serge: (blättert seufzend die Fernsehzeitschrift durch) Ich muss noch fernsehen. Irgendwas. »CSI Miami«. »CSI New York«. »Pfarrer Braun«. »Bulle von Tölz«. »Rosenheim-Cops«. »SOKO Rhein-Main«. »SOKO Donau«. »SOKO Salzach«. »SOKO Kitzbühel«. »SOKO Windischgarsten«. »SOKO Untersiebenbrunn«. »SOKO Wulkaprodersdorf«. Was weiß ich! Ich hab ja schon alles kritisiert. Irgendetwas müssen die ja senden, was ich noch nicht kritisiert habe.

K: Wir müssen Weihnachten planen!

S: Was? Weihnachten? Wann ist denn das heuer?

K: Heuer am 24.

S: Wie? Was? Ja. Ich meine: Wie lang noch bis dahin?

K: Zwei Wochen, nicht einmal ganz.

S: Zwei Wochen. Aha. Naja, dann wird es langsam Zeit. Fernsehkritiken schreiben! Ich! Fernsehkritiken! Das ist doch wirklich das Allerletzte! Verstehst du: Man könnte ja auch ein Stück von mir wollen. Oder die Übersetzungsrechte für einen Roman. Aber nein. Fernsehkritiken. Ich bin noch nie so gedemütigt worden! Das ist die ärgste Erniedrigung meines Lebens.

K: Mach dich nicht selber klein, Schatz. Es gibt schlimmere Jobs auf dieser Welt. Sogar Julian Barnes hat Fernsehkritiken geschrieben.

S: Ja, aber am Anfang seiner Karriere, nicht am Ende. Und vor allem nicht während seiner Karriere.

K: Und Uwe Johnson.
S: Das war was anderes.
K: Die Kinder haben die Wunschzettel abgegeben.
S: Was?
K: Die Briefe an das Christkind.
S: Ja?
K: Es sind lange Briefe.
S: Erfreulich.
K: Adriana wünscht sich eine Playmobil- Puppenküche, einen Nintendo, ein Handy. Anja will einen eigenen Computer, einen CD-Player, einen MP3-Player, eine Digitalkamera, ein Skateboard, ein Snowboard, »Pirates of the Caribbean« Second Part, ein Handy mit Internet-Zugang ...
S: Ich bin Fernsehkritiker, nicht Fernsehgeneralintendant.

(Sms bei K)
K: Fröhliche Weihnachten und ein gesegnetes Neues Jahr wünschen Ilse und Jakob.
S: Wer sind Ilse und Jakob?
K: Unsere Nachbarn.
S: Aha.
K: Ich bin gegen das Handy.
S: Ich auch.
K: Mit neun Jahren braucht man kein Handy.
S: Genau.
K: Aber Adriana sagt, in ihrer Klasse haben alle ein Handy.
S: Ja? Dann bin ich dafür.
K (leicht verärgert): Ich habe den Eindruck, dir ist das alles ganz egal.

S: Das kann man so nicht sagen. Aber Weihnachten ist nun mal das Kampffest der Telefongesellschaften ...

(K's Handy klingelt.)
K: Servus, Mama!
Ja, Mama.
Gut, Mama.
Nein, Mama.
Ja, Mama.

S: *(Währenddessen)*
»Die Lugners«
»Desperate Housewives«
»Die Comedy Falle«
»Eine Leiche zuviel«
»Barbara-Karlich-Show: Mein Sohn ist schwul – was jetzt?«

(S's Handy klingelt.)
S: Ja, hallo!
Hallo! Ja.
(verlässt das Zimmer)

K: Nein, Mama, er ist nicht schwul.
Gut, Mama. Abgemacht, Mama. Du feierst bei uns. Nein, mach dir keine Umstände. Ja, Mama. Ich werde es ihm ausrichten, Mama.
Bussi Mama. Baba.
(ruft ins Off)
Hast du jetzt Zeit?

S (*aus dem Off*): Ja.
Ja.
Ok. *(kommt zurück, hat das Handy am Ohr)*
Passt! Abgemacht! Also bis dann! Ciao!

K: Schöne Grüße von der Mama!

S: Verbindlichsten Dank.

K: Sie feiert heuer bei uns ...

S: *(schaut ein wenig konsterniert, denkt nach, bevor er etwas sagen kann)*

K: Naja, es sind die ersten Weihnachten für sie ohne Papa. Da kann man sie nicht ganz allein lassen.

S: Klar. Versteht sich. Keine Frage.

K: Sie lässt dir ausrichten, du könntest ganz einfach »Medikopter« anschauen ...

S: Also, damit das klar ist: Wenn sie zu uns kommt, wird sie sich an gewisse Grundregeln halten müssen.
Du sollst nicht frotzeln deinen Schwiegersohn ...
Wird sie singen?

K: Leise.

S: Keine Koloraturen bei »Stille Nacht«.

K: Alle Frauen machen Koloraturen bei »Stille Nacht«...

S: Keine Koloraturen!

K: Keine Koloraturen.
Was machen wir jetzt wegen Handy und MP3-Player?

S: Ich kann keinen MP3-Player kaufen. Ich weiß nicht einmal, was das ist.

(Sms bei S.)
Best wishes. Sandra und Heinz.

K: Wer sind Sandra und Heinz?

S: Keine Ahnung.
Schau einmal, da steht noch eine Flasche Weih-

nachtspunsch vom letzten Jahr. Meinst du, kann man den noch trinken?

K: Müsste man probieren. Ich mache ihn warm. *(Geht von der Bühne ab, sie setzen den Dialog durch die offene Tür aber fort.)*

S: *(zitiert aus der Fernsehzeitschrift)* »Medicopter 117: No risk no fun«. Eine Clique betreibt Fallschirmspringen im wahrsten Sinne als Extremsport: Zwei Burschen, die um ein Mädel buhlen, kämpfen in der Luft um nur einen Schirm ... Das ist doch eigentlich ein sehr interessantes Thema. Irgendwie subtil und hintergründig. Man kann den Plot ja als Kapitalismuskritik verstehen, verpackt in die älteste Geschichte der Menschheit. Seltsam, dass es dafür nur einen roten Punkt gibt: Knapp an »Mist« vorbeigeschrammt ...;
Der Opapa möchte am Heiligen Abend mit seiner Neuen auch zu uns kommen. Was meinst du, haben wir überhaupt so viel Platz?

K: *(tritt wieder auf und schenkt den heißen Punsch ein)* Wird schon irgendwie gehen. Was schenkt man den beiden?

S: Weiß nicht. Präservative?

K: Du bist blöd!
Was machen wir jetzt wirklich wegen MP3-Player und Handy? Wann gehen wir ins Shoppingcenter?

S: Könntest nicht du? Ich kann wirklich nicht in so ein Einkaufsparadies hineingehen. Ich halte die Luft nicht aus. Und die Menschen. Und die Panflöteneinlullung aus den Lautsprechern. Und die arbeitslosen Akademiker, die als abgehalfterte Weihnachtsmänner durch die Gänge wackeln. Im Paradies bekomme ich immer sofort Paradiesplatzangst.

K: Ich, ich, ich! Und ich? Wann soll denn ich? Ich habe ja auch meine Arbeit.

S: Verbrecherjagd ...

K: Mach dich nur lustig! Irgendwer muss ja auch bei der Polizei im Innendienst arbeiten. Die Anzeigen schreiben sich nicht von allein. Glaubst du, ich bin neugierig, da draußen bei Wind und Wetter mit der Pistole in der Hand durch die Wälder zu pirschen, den Gestank in der Prosektur zu ertragen und irgendwelche uninteressanten Menschen zu fragen, wo sie gestern zwischen neunzehn und einundzwanzig Uhr dreißig waren? Sicher nicht!

Ich denke nur, es wäre schön, wenn wir gemeinsam ... mein Ex hat mich beim Einkaufen auch begleitet ...

S: Aber den hast du verlassen ...

(plötzlich)

Deine Mutter!

K: Was ist mit meiner Mutter?

S: Wir drücken deiner Mutter die Wunschzettel in die Hand und schicken sie einkaufen. Das bringt sie gleich noch auf andere Gedanken!

K: Ist vielleicht gar keine schlechte Idee.

S: Und sie kann sich finanziell beteiligen ...

(Sms bei S) Eine segensreiche Weihnachtszeit und ein friedvolles Neues Jahr wünscht Alfons.

K: Alfons und wer noch?

S: Niemand. Nur Alfons.

K: Und wer ist Alfons?

(S zuckt mit den Schultern.)

K: Haben wir denn überhaupt keine Freunde, die wir kennen?

S: Schaut fast so aus. Aber jedes Leben zählt.

(Sie trinken. Die Laune hebt sich dementsprechend.)

K: Und wir? Was schenken wir uns?

S: Also, ich hab es mit meiner Ex immer so gehalten, dass wir uns gegenseitig Gutscheine für den nächsten Sommerurlaub geschenkt haben. Das war sehr praktisch. Anstatt dass ich mir meinen und sie sich ihren Urlaub zahlt, zahle ich ihr ihren und sie mir meinen, was genau auf dasselbe hinausläuft, ein Nullsummenspiel und außerdem als Weihnachtsgeschen vornutzbar ist. Wir sparen uns den Einkaufsstress, und die gierige Wirtschaft hat auch nichts von uns ...

K: Aber ich möchte dir ja eine Freude machen, und ich möchte auch selbst eine Freude haben. Ich möchte überraschen und mich überraschen lassen ...

S: Neun von zehn Überraschungen sind unangenehme Überraschungen. Schopenhauer sagt, dass ...

K: Mein Ex hat gesagt ...

S: Dein Ex! Dein Ex! Entschuldige, man kann deinen Ex und Schopenhauer ja nicht auf eine Stufe stellen. Wir könnten natürlich deinen Ex zu Weihnachten auch noch einladen. Und meine Ex. Und deine Exschwiegereltern. Und meine Exschwiegereltern. Ein richtiges schönes, großes Familienfest.

(Sms) Eine besinnliche Weihnachtszeit wünscht Ihnen Autohaus Zaradnitschek.

S und K: Herzlichen Dank!

K: Ich wünsche mir ... ich wünsche mir ... ich wünsche mir zum Beispiel den Wandkalender FILMKÜSSE 2013.

S: Komm, im Ernst.

K: Im Ernst. Hab ich gestern in der Buchhandlung gesehen.

S: Humphrey Bogart. Grace Kelly. *(Schmatz)*

K: Jack Lemmon. Marilyn Monroe. *(Schmatz)*

S: Marcello Mastroianni. Anita Ekberg. *(Schmatz)*

K: Robert Redford. Demi Moore. *(Schmatz)*

S: Woddy Allen. Dianne Keaton. *(Schmatz)*

K: Rock Hudson. Kim Novak. *(Schmatz)*

S: Serge Falck. Kristina Sprenger.

K: Dass du einem immer die Stimmung versauen musst.

S: Ich bin ja bloß besinnlich geworden ...

K: Jetzt sag mir: Was wünschst du dir zu Weihnachten?

S: *(überlegt)* Ich wünsch mir zu Weihnachten einen Telefonanruf von einem großen Verlag: Ihr Manuskript ist sensationell. Wir machen ein sensationelles Buch daraus.

K: Aber es gibt heute einfach keine sensationellen Bücher mehr. Bücher sind nicht sensationell ...

S: Ich wünsche mir zu Weihnachten einen Telefonanruf des Kunstministers. Darf ich Ihnen zum großen Staatspreis gratulieren?
Ich wünsche mir zu Weihnachten, dass ich nie wieder Fernsehkritiken schreiben muss ...

K: Du könntest dich bei der «Barbara-Karlich-Show« bewerben: Ich muss Fernsehkritiken schreiben. Was jetzt?
Du, noch etwas ganz anderes. Ich möchte einen lebenden Christbaum. Einen im Topf, den man nach den Feiertagen auf den Balkon stellen kann.

S: Naja, aber die armen Christbäume sterben dann im Winter am Balkon einen grausamen Topftod. *(Sie trinken.)* Ich habe letztes Jahr bei Ikea einen violetten

Plastikchristbaum zum Aufblasen gesehen, Plastikstrohsterne, Plastikkerzen, Plastikflammen, Plastikkekse inklusive. Ab dem 26. Dezember gibt es den um 50% billiger, und im Sommer können wir ihn als Luftmatratze nutzen.

K: Du bist betrunken ...

S: Beschwipst, nicht betrunken. Und das heutige Thema der »Barbara-Karlich-Show« lautet: Ich bin im Stall geboren. Was jetzt?

K: Ich wünsche mir eigentlich nur mehr Zeit mit dir ...

S: Ich wünsche mir ... *(will sie küssen)*

K: Schatz, nicht! Hör auf! Es können jeden Augenblick die Kinder kommen!

S: Aber darum geht's zu Weihnachten doch gerade!

Weihnachtsmann

In meiner Kindheit bedeutete der Heilige Abend: Den ganzen Tag Fernsehen! Und es war das Paradies, denn Kabel oder Sat-Schüssel gab es damals noch nicht, und der ORF sendete unterm Jahr untertags gar nicht. Nur Frost und Finsternis. Meine Generation litt in der Jugend noch nicht an elektromedialer Überfütterung.
Abends die Bescherung mit Christbaum und Packerln darunter. Wünsche und Geschenke waren noch vergleichsweise bescheiden: ein Plattenspieler, eine Schallplatte von Georg Kreisler, dem genialen Reimer und Urvater aller kritischen Liedermacher, der erst letztes Jahr mit achtundachtzig, also im Jahr vor seinem Tod, seinen ersten Literaturpreis erhalten hat.
Bis heute halte ich diese Schallplatte in Ehren, und in jeder Heiligen Nacht schleiche ich, wenn Frau und Kinder schlafen gegangen und die Christbaumkerzen ausgeblasen sind, hinauf in mein Atelier, blase meinen violetten Plastikweihnachtsbaum auf und spiele Georg Kreisler: »Auch auf der Reeperbahn ist dann und wann ein Weihnachtsmann ...«
Gestern Nacht hat Georg Kreisler das erste Mal postum für mich gesungen. Aber das Gute ist, dass ein großer Künstler unsterblich wird und ist und bleibt, auch und gerade wenn er gestorben ist.

Fasten

Was faste ich heuer? Zigaretten rühre ich schweren Herzens seit neun Jahren keine mehr an. Süßes nehme ich das ganze Jahr über nur in dem Maß zu mir, das für Seelenheil und Nervenruh unbedingt notwendig ist. Bier kenne ich überhaupt nur noch aus den Meditationen Alois Brandstetters ...
Also habe ich mir vorgenommen, heuer 40 Tage lang Morde zu fasten; das heißt: alle Krimis und Fernsehfilme, in denen gemordet wird. Erblicke ich ein Augenpaar und ein Fadenkreuz – schon umgeschaltet! »CSI Miami« oder »SOKO Kitzbühel«, »CSI New York« oder »SOKO Leipzig«, »Rosenheimcops« oder Ottfried Fischer, ob Tölzer Bulle oder Wanderpfarrer: Zack! Weg! Columbo: Weg! Barnaby: Weg! Wallander: Weg! »Schnell ermittelt«: Schnell umschalten! Ich sage es einmal so: Stirb langsam!
40 Tage! So lange habe ich noch nie keinen Mord gesehen! Naturgemäß weiß ich nicht, worauf ich mich einlasse. Vielleicht entdecke ich ja neue Welten. Sicher wird es hart, aber auf jeden Fall ein tolles Abenteuer. Etwas für ganze Kerle – und Kerlinnen! Ich lade Sie herzlich ein, mit mir mitzufasten! Aber nicht mogeln! Auf alle Fälle wird das hier bis zur Auferstehung mein Fastentagebuch. Ich werde meine Psyche ganz genau beobachten und Bericht erstatten.

Traurigkeit

So. Eine Woche Mordlosigkeit ist schon überstanden. War gar nicht so schwer. Ich hab halt Fußball geschaut. Ganz gewaltfrei ist es aber auch da nicht abgegangen. Beim tollen Spiel Barcelona-Arsenal säbelte einer seinen Gegenspieler brutal von hinten nieder, und der österreichische Reporter nannte den Niedersäbler »kein Kind von Traurigkeit«.
Ich weiß zwar nicht, wie und mit wem sich so eine Traurigkeit fortpflanzt und wie sie Kinder kriegt, aber ich weiß aus rein humanistischen Gründen, dass mir »Kinder von Traurigkeit« lieber sind als »keine Kinder von Traurigkeit«.
Kurz habe ich im TV auch einen ehemaligen Vereinspräsidenten gesehen, der auch etwas verletzt haben soll, nämlich das Gesetz. Kein Kind von Traurigkeit, ist er sozusagen von hinten ins Gesetz hineingegrätscht. Sein Anwalt nannte ihn freilich einen »begnadeten Volksschauspieler«.
Da dieser Expräsident, »der was zu hundert Prozent aus Österreich ist«, ohnehin aus der Werbebranche kommt, habe ich mir gedacht, warum nicht eine Rolle im Werbe-TV für den Volksschauspieler: »Oba wissen S' eh: Nicht kochen, die Wurscht!« – »Na, dann nehm ich doch vielleicht lieber den Haifisch!« – »Den hab ich schon als Betriebsausgabe abgesetzt!«

Bergdoktor

Drei Wochen Mordlosigkeit – und noch nie habe ich so viele zustimmende Leserpost bekommen. Vielen Dank! Ganz ohne Passion geht die Fastenzeit aber nicht: Ich gehe auf Krücken (die Schulmedizin tippt auf Leistenzerrung oder Ermüdungsmuskelfaserriss) und ich schaue dementsprechend viel fern. Hauptsächlich Medizinisches: Daher meine heutige Frage zum Miträtseln: Was ist ein Bergdoktor?

Ab wie vielen Metern über dem Meeresspiegel heißt ein Doktor Bergdoktor? Genau genommen ist ein Doktor ein Gelehrter: Er muss aber nicht zwangsläufig Medizin – er kann auch Montanistik studiert haben. Ich kenne »Bergwacht« und den »Zauberberg« von Thomas Mann. Aber die Davoser Ärzte heißen nicht Zauberbergdoktoren.

Ich kenne den Hausarzt und den Schiffsarzt, den Kurarzt und den Notarzt. Ich kenne den Zahnarzt, den Ohrenarzt, den Augenarzt. Ich kenne den Urologen und den Pulmologen, den Internisten und den Chirurgen, den Neurologen, Psychologen, Psychotherapeuten und Psychiater, den Orthopäden, den Gynäkologen und den Hautarzt: Alles Talärzte. Alle empfehlen mir außer den Krücken Schonung, Ruhe, Parkemed. Nur besser wird nichts ...

Der Bobby Ewing der Alpen hätte sicher Dramatischeres für mich auf Lager ...

Volksmusikabend

Sechs Wochen kein Mord, kein Krimi. Trotzdem keine Seelenruhe. Ich schaue viele Volksmusiksendungen. Vor allem liebe ich die flotte Biene in der Windmaschine, die Domina unter den Schlagersängerinnen, Herrin Berg. Gerne würde ich einen Hit für sie schreiben: »Quäl mich noch ein letztes Mal!«

Mit meinen Brüdern Matthias (»Hias«), Arnold (»Nolte«) und Arnulf (»Nulfi«) haben wir vier Krachlederhosen gekauft und die »Fidelen Eisprungbuam« gegründet. Juhaza! Die Natur erwacht! Meine Plattenfirma will unser einfühlsames Liebeslied »In der Regel sind die Rosen rot« aber nicht produzieren – aus Rücksicht auf das zahlungskräftige Muttertagspublikum. »Zu zweideutig ordinär!«, sagt der Boss. »Entweder eindeutig ordinär für das Publikum über vier Bier zum Zotenzweck, sonst nur etwas mit ›Herzerl‹.«

Oje. Ich hab nur was mit Lungerl, Leberl, Hirnderl oder Niernderl. Hitfähig wäre etwa: »Bauer, das Niernderl ist schon sauer!« Wie gesagt: Es geht mir nicht gut. Große Unruhe hat mich erfasst in meiner wochenlangen televisionären Extremsituation. Aber nur noch eine Woche. Dann heißt es: »Die Träne quillt. Das Morden hat mich wieder.«

Leihpilger

Ich bin am Ende meiner Reise: Gegessen ist die Fastenspeise. 48 Tage wirklich keinen einzigen Mord, keinen Totschlag im TV gesehen und dementsprechend seelensauber!
Es war nicht immer leicht: Ich musste oft zappen; viel arte, 3sat, Regionalsender. Auf SWR habe ich Samstagabends einmal einen Portugal-Themenabend mitverfolgt: Saudade und Salazar, Portwein und Fado, Sardinen und Bacalhau, die Nelkenrevolution und die letzte Bratwurst vor Amerika an der Algarve. Die Uni von Coimbra, das Studentenfest von Porto, die Kathedrale von Braga. Das Entdeckerdenkmal und der Torre de Belém. Viel Meer, viel Sehnsucht, viel Klischee. Leider nichts von Pessoa oder Saramago. (Gut, Literatur ist Leid und Ignoranz gewohnt, überall auf der Welt.)
Dafür habe ich Carlos, den Leihpilger entdeckt, der für reiche Geschäftsleute, die ihre religiösen Pflichten nicht selbst wahrnehmen wollen, 7 Tage lang von Lisboa nach Fatima pilgert, mit Pilgerstab, Stempel, Knierutschen und allem Pipapo – für 2500 Euro Honorar! Also habe ich spontan beschlossen: Nächstes Jahr arbeite ich in der Fastenzeit als Leihasket und faste Mord und Totschlag für SIE! Buchen Sie mich schnell! Ihre Buchung wird diskret behandelt! Der Bestbieter erhält den Zuschlag!

Letzte Versuchung

Ich bin im Fernsehen! Wenn Sie diese Zeilen lesen, schalten Sie schnell Ihr Gerät ein, und Sie sehen mich in Rom, wie ich am Petersplatz auf den päpstlichen Segen Urbi et Orbi und ein akzentfreies deutsches »Frohe Ostern« warte. Ich bin in Reihe 126 der 497ste von links.

Aus diesem Grund habe ich am Karfreitag auch Mel Gibsons »Passion Christi« versäumt. Aber mir sind unblutige, antiantisemitische Skandalfilme ohnehin lieber, etwa Martin Scorseses »Letzte Versuchung Christi«. Dieser Film, von vielen heftig kritisiert, stellt ein Gedankenexperiment an: Er zeigt den Menschensohn als Menschen und die Bequemlichkeit als Teufel. Nach allem, was er für die Menschheit getan hat, steigt Jesus (in einer Halluzination in der Todesstunde) vom Kreuz herab, gönnt sich ein bisserl Wellness, heiratet, pflanzt sich fort, geht in Pension und wird fett, bieder und gewöhnlich. Das Alter wird ihm vermiest durch den Tod Maria Magdalenas, Gicht, Rheuma und Kreuzschmerzen. Deswegen konnte der Film am Dienstag leider erst um 0.20 gesendet werden. Außerdem musste um 20.15 Platz für »SOKO Kitzbühel: Tödliche neue Welt« sein.

Der Teufel der Bequemlichkeit steckt in uns allen, auch in den Fernsehern. Das Problem ist, dass die Alternative der Kreuzestod wäre. Auch nicht lustig. In diesem Sinn: Fröhliche Ostern!

Reality und Realität

Hinaus!

Die Zehn-kleine-Negerleinisierung der Gesellschaft schreitet unaufhaltsam voran. Nur wenn einer rausfliegt, stimmt die Quote. Irgendwelche Leute müssen irgendetwas tun, Musik machen, klettern, tanzen, einfach bloß in einem Container sitzen, ganz egal. Das alles geschieht ja nur, damit Sie etwas zu schauen haben.
Und das Beste: Einer pro Woche geht drauf! Nach Ihrer Wahl! Sie dürfen einen hinauswerfen, eliminieren, abbauen, freisetzen. Sie dürfen einmal Schicksalsschlag spielen und müssen dabei kein schlechtes Gewissen haben: Die Regel haben ja nicht Sie gemacht. Nützen Sie Ihre Unsichtbarkeit! Sie brauchen keine Kriterien. Scheiden Sie einen einfach aus, weil er Ihnen unsympathisch ist. Daumen runter. Genießen Sie die Tränen vor laufender Kamera, die Sie erzeugt haben. Spielen Sie Boss. Spielen Sie Manager. Sagen Sie denen am Bildschirm: »Wir alle müssen Opfer bringen! Wir schnallen euren Gürtel enger!« Fühlen Sie sich wie in der Vorstandsetage. Fühlen Sie sich als Sanierer, Strukturbereiniger, Gesundschrumpfer.
Sie lernen daraus: Es ist nicht genug Platz für alle da. Wenn einer auf der Strecke bleibt, hat das Unterhaltungswert. (Dafür findet man auch die freundliche Unterstützung potenter Sponsoren.) Spielen Sie: *The survival of the fittest.* Nur die Harten kommen durch: Solche Spiele braucht das Land. Möglicher Sendungstitel: »Schwerverletzt freigesetzt«. Freitagabendvergnügungsdarwinismus.

Moor im Spital!

Ich müsste dringend einmal zur Untersuchung ins Krankenhaus, traue mich aber nicht hin, weil ich Angst habe, dass mir dort Dieter Moor auflauert, mich nach meiner Diagnose fragt und mir die berühmte Mitleidsfrage stellt: »Oheim Egyd, waz wirret dir?« Diesmal will er aber gar nicht über den Parzival und gar nicht über Literatur reden, sondern einfach so über Wehwehchen.
Das tut Herr Moor nämlich in letzter Zeit in Krankenhäusern, grüßt freundlich Patienten, ob sie den Daumen verbogen haben oder ihre Kinder Epileptiker sind (bei Kindern ist er »Servus, der Dieter«), lässt sich von den bereitwillig Auskunft gebenden Eltern unterrichten, wie lange der letzte Anfall her ist, und hinter ihm steht unsichtbar eine ATV-Kamera und filmt alles mit und sendet es dann zur Primetime! Der kleine Epileptiker in Großaufnahme. Es gibt nicht einmal etwas zu gewinnen, bloß das stereotype »Alles Gute!« am Ende.
Also, Herr Moor, waz mir wirret? Krebs, Pest, Cholera, Malaria, Leukämie, Alzheimer, Parkinson, Gallenkolik, Nierenkolik, Netzhautablösung, Hörsturz, Schuppenflechte, Flatulenzen, Bauchschmerzen, Rückenschmerzen, Zahnschmerzen, Nasenbeinbruch und Atemnot, Asthma und Arthrose, Burnout, Depressionen, Psychosen, Schlaganfall und Herzinfarkt, alles ist möglich. Aber, Hand aufs Herz, Herr Moor: Was geht Sie das an?

Liebesgeschichten & Adjektiva

Vor vielen Jahren ist Elisabeth T. Spira in der Jury eines Literaturwettbewerbs gesessen, bei dem ich damals den zweiten Preis gewonnen habe. Daher weiß ich also von ihrer literarischen Affinität. Kein Wunder, dass sie für den Titel ihrer Sendung den Titel eines Nestroy-Stückes wählt: »Liebesgeschichten und Heiratssachen«.
Und weil die Fachfrau weiß, dass es stilistisch nichts Problematischeres gibt als Adjektivmassierungen, kann ich mir gut vorstellen, wie sie darunter leidet, wenn ihre Figuren andauernd Adjektiva verwenden: »Suche gepflegten, humorvollen, intelligenten, jugendlichen, älteren Herrn, bin selber charakterstark, fröhlich, selbstbewusst ...«
Leiden wird Spira sicher auch unter dem Vorwurf, Unglück vorzuführen und den Voyeurismus zu bedienen: Erbärmliche Schicksale als Unterhaltung ... Dem Vorwurf könnte man leicht entgehen, indem man die Kandidaten einfach intern verkuppelt: die resolute Friseuse mit dem notgeilen 79-jährigen Macho-Pensionisten et cetera.
Erschütternd aber die Schrecklichkeiten des Alltags in österreichischen Wohnzimmern: Etwa die Frau mit 7 Kindern und 2 Nasenbeinbrüchen, die von ihrem Alkoschläger verlassen jetzt einen neuen Mann zum gemeinsamen Fernsehen sucht. Und was würden Sie schauen? »Liebesgeschichten und Heiratssachen?« – »Gott bewahre, nein! Das ist mir zu deprimierend!«

Verlierer

Ein invalidenpensioniertes Muttersöhnchen, ein Langzeitarbeitsloser, ein älteres leichtes Mädchen, das Geld braucht, um ihren Zuhälter aus dem Bau zu boxen, eine Oma, die Geld braucht, weil ihr Mann gerade eine dritte (!) Hüfte bekommen hat, ein Zahnprothesenloser, ein Spielsüchtiger, ein Mindestrentner, ein mehrfach vorbestrafter Magistratsdiener: Das ist das Personal von Elisabeth Spiras »Alltagsgeschichte«, wenn sie am Versatzamt recherchiert.

Einer spendet ihr sogar den schönen Cioran-Aphorismus: »Es zählt nur eines im Leben: Lernen ein Verlierer zu sein.« Aber er wirkt in dieser Sendung nicht wie ein Philosoph oder Existentialist, sondern wie ein mittelloser Gebietskrankenkassaneurotiker, der Cioran auch eher intuitiv als rezeptionell erfasst hat.

Sieger haben Vorbildwirkung, Verlierer für den Zuschauer aber etwas Anheimelndes: Geht es dem Seher auch nicht besonders, so zumindest besser als diesen Armutschgerln. Das ärmste Armutschgerl ist aber der ORF selber: Die Verlierer wurden am Versatzamt für ihre Videorekorder, Kameras und Goldzähne in Schillingnoten (!) ausbezahlt – und das fast 10 Jahre nach der Einführung des Euro! Die Alltags»geschichte« vom letzten Sonntag war 11 Jahre (!) alt, also nicht mehr »episch«, sondern »historisch«.

Der arme ORF muss sparen, damit er nicht selbst am Versatzamt endet.

Schlechte Geschichte

Wollte ich einmal eine ganz schlechte Geschichte schreiben, würde ich ein 18-jähriges Mädchen auftreten lassen, das 8 Jahre in einem Keller gefangen war und jetzt mit einem Küniglberg-Prinz-William in Turnschuhen zum Interview nach Barcelona fliegt (ist ja wurst wohin).
Ich wurde das Mädchen ganz langsam und konsequent in der Mitvergangenheit sprechen lassen, so dass ihre Statements so richtig spontan und authentisch rüberkommen. Außerdem würde ich sie folgende Sätze sagen lassen: »Ich habe noch nicht herausgefunden, wie ich für mich Freundschaft definiere.« »Meine Mutter muss das Buch über mich für sich selbst vertreten. Wenn sie in die Medien gehen will, dann soll sie das tun.«
Zwischendurch zitiert sie aus dem Barcelonaführer: Gaudi ist 1926 bei einem Straßenbahnunfall ums Leben gekommen. Da schau her! Dann wieder: »Es wäre leichter für mich, mich ins normale Leben zu integrieren, wenn mein Vater es mir nicht so schwer machen würde, auch wenn man ihn nicht als Alkoholiker oder Koch bezeichnen kann.« Im Hintergrund das Mittelmeer. Warum eigentlich? »Sie tragen noch Kleidung aus der Gefangenschaft?« »Ja, es hängen Erinnerungen daran.« Was für Fragen! Was für Antworten!
Ich will aber keine ganz schlechte Geschichte schreiben. Das erledigt schon das Leben.

Kampusch

Heikle Glossen wie die heutige lasse ich mir selbstverständlich von meiner Co-Autorin schreiben (stört Sie doch nicht, oder?). Denn heute geht es um die hochsympathische und bemitleidenswerte junge Frau Kampusch, der man nach ihrem schrecklichen Martyrium nicht auch noch eine schlechte Kritik antun darf, auch wenn sie (wie meine Co-Autorin meint) an der Seite des edlen Ritters Feurstein leicht widerspruchstrunken durch die Medienlandschaft torkelt.
Nach zahllosen TV-Auftritten in den letzten Jahren (Exklusivinterviews, Barcelona-Ausflug, Talkshow mit Niki Lauda und anderen) hat Kampusch jetzt ein Buch geschrieben (muss wie bei den Manns in der Familie liegen: Die Mutter hat auch schon eins geschrieben, natürlich ebenfalls ein »Bestseller«). Und gleich das große Interview dazu in »Thema«: Es ginge ihr (natürlich) nicht um Geschäftemacherei, sondern um Selbstschutz und Aufarbeitung.
Kampuschs interessanteste (und radikal ehrliche) Aussage war aber, dass »ohne die Co-Autorinnen gar nichts gegangen« wäre. Sie selber »hätte das Buch unmöglich schreiben können. Dann wäre überhaupt nichts drin gestanden!« Authentisch wird die Kellerqual erst durch die, die nicht im Keller eingesperrt waren. N. K. hat bei der Präsentation fremde Sätze aus einem fremden Buch mit ihrem Namen gelesen. So kompliziert ist Literatur. Sagt halt meine Co-Autorin.

Mondlandung

Als Neil Armstrong den großen Schritt für die Menschheit auf den Mond setzte, war ich sieben Jahre alt und saß vor dem Schwarzweißbildschirm meiner Eltern. Da es damals kein Reality-TV gab, habe ich die Mondlandung anfangs selbstverständlich für einen (etwas langatmigen und dramaturgisch schwachen) Sience-Fiction-Film gehalten (als den sie Walter Wippersberg Jahrzehnte später auch tatsächlich dargestellt hat).
Erst durch das plötzliche Auftauchen von Hugo Portisch war mir schlagartig klar: Das ist die Wirklichkeit! Hugo Portisch war der Fernsehschreck meiner Kindheit. Ob Vietnam, Prager Frühling oder was auch immer: Wo er war, war Krieg, und zwar echter Krieg, keine Studioproduktion. Die Bilder von der Mondlandung waren äußerst schlecht und bestenfalls impressionistisch. Aber so viel sah man immerhin, dass es dort oben nicht viel zu sehen gibt.
Hugo Portisch hat sich von der NASA-Abenteuer-Berichterstattung später wieder zurückgezogen. Zwar gab es am Mond jetzt nachweislich keine UFOs, aber auch keine Schwammerln.
Heute kommt niemand mehr auf die Idee, zum Mond zu fliegen, auch wenn die Bilder dank besserer Technik viel sensationeller wären. Eine Mondlandung funktionierte heute nur noch als Castingshow. Voten Sie, wen wir wieder auf die Erde zurückholen sollen! Der mit den wenigsten Anrufen bleibt am Mond!

Arno Dübel

Neulich wurde ich vor dem Bildschirm zufällig Zeuge fulminanter Schleichwerbung. Ich wartete auf einen Film, hatte aber offenbar den falschen Kanal gewählt und geriet irgendwie zu »Menschen bei Maischberger«. Die Talkerin interviewte – ausgerechnet im fleißigen Schaffe-Schaffe-Deutschland – gerade den Lebens*langzeit*arbeitslosen Arno Dübel. (Auch er hatte vorher zur Maske müssen und wirkte eigenartig gepflegt-ungepflegt.)

Er lebe allein, erzählte Herr Dübel Frau Maischberger, er habe weder Frau noch Kind. Er habe noch nie gearbeitet und jetzt sei er schon zu weit von der Arbeitswelt weg und auch schon ein alter Mann (53). Auf Urlaub fahre er nie. Warum auch? Er arbeite ja nicht. Nein, er lese nicht. Keine Zeit. Er habe ja einen kleinen Hund, um den er sich kümmern müsse.

Was er denn über all seine hart arbeitenden Mitmenschen dächte? Die täten ihm leid, weil sie so früh aufstehen und in die Kälte raus müssten. Ob er nicht ganz einfach faul sei?, fragte Frau Maischberger. Das würde er so nicht sagen, sagte Herr Dübel. Der Mann vom Arbeitsmarktservice bot Herrn Dübel an, ihm einen Motivationstrainer zu schicken. Das Anheben der Mundwinkel Herrn Dübels war gewissermaßen schallend. »Was machen Sie denn dann den ganzen Tag?«, fragte Frau Maischberger, und Herr Dübel antwortete: »Naja, Fernsehen gucken!«

Frühstücksfernsehen

Als junger Mann habe ich nach dem Mittagessen gefrühstückt und bin anschließend aufgestanden. Irgendeinen Vorteil muss die Schriftstellerexistenz ja haben! Nach meiner Hochzeit habe ich schweren Herzens mit meiner menschlichen Normalisierung begonnen und so den einen oder anderen späten Vormittag live miterlebt.

Heute häufen sich die Tage, da ich familien- und prostatabedingt gegen 8 Uhr aus dem Bett krieche und etwa zwei Stunden später aufwache. Aber ein Fall für das »Frühstücksfernsehen« werde ich in diesem Leben nicht mehr! Um 6 Uhr aufstehen, um mir Promis und den Wetterbericht anzusehen: Sicher nicht! Der Morgen ist die Tageszeit, in der mir Ruhe heilig ist! Kaffee, Zeitung, Ruhe!

Davon abgesehen steht das Fernsehgerät im Wohnzimmer, ich frühstücke in der Küche. Unter der Dusche habe ich auch keinen Apparat. Und zwischen Frühstück und Dusche habe ich immer eine dringende Sitzung: Da ist auch kein Apparat in Augenhöhe.

Jetzt lese ich zu meinem Erstaunen, dass das (mir naturgemäß unbekannte) Moderatorenpärchen von Puls 4 selber unter dem Frühstücksfernsehen leidet: Als junge Menschen um 3.30 Uhr aufstehen und um 20 Uhr schlafen gehen: Das sei die Hölle. Also Leute: Von mir aus bleibt im Bett. Ich verstehe das!

Am Zahnfleisch

Viel Gelegenheit zum Fernsehen habe ich in letzter Zeit nicht, weil ich tagtäglich bei meinem Zahnarzt sitze, mir Löcher in den Kieferknochen bohren und Titanimplantate hineinschrauben lasse, damit ich auch weiterhin bissig schreiben kann.
Aber selbst im Wartezimmer des Zahnarztes steht neuerdings ein Flat Screen, und auch hier geht es in den letzten Tagen immer um das Reich der Mitte: Tibet ist ja mittlerweile ein alter Hut. Jetzt kenne ich auch die unterdrückten Uiguren und zig andere Randvölker im Riesenreich. Ich weiß, dass die Chinesen Kakerlaken und Schlangen braten. Ich weiß, dass es auch in China Christen gibt: Neben dem offiziellen Christentum (dessen Bischöfe aber nicht Rom, sondern die Partei in Peking besetzt) sind das die leidenschaftlichen »Hauskirchenchristen«, die auch den Papst sehr verehren und ihn gern einmal in Jerusalem besuchen wollen. Naja.
Vor allem aber sieht man bei den vielen Dokus, dass viele einfache Chinesen am Land sehr schlechte oder gar keine Zähne am Kiefer haben. Viele kommen am Zahnfleisch daher. Da holt mich mein Arzt mit der Spritze in der Hand wieder in den Behandlungsraum und fragt, wie es mir denn heute geht. »Ach, Herr Doktor, ich bin ein Chinese des Schmerzes!«

Galileio-TV

Sehr geehrter Galileo Galilei! Letzte Woche suchte arte den »King of Drama« und stellte jeden Abend einen Kandidaten vor: Neben Ibsen, Sartre, Tschechov oder Beckett war eine eigene Folge Bertolt Brecht gewidmet, der ein Stück mit dem Titel »Das Leben des Galilei« geschrieben hat: Heliozentrisches Weltsystem, Kinematik, Fallgesetze, Inquisition, Abschwören von der Lehre – die Geschichte kennen Sie ja!
Nach dem Ende der Sendung schaltete ich um und kam gerade noch zurecht, als Armin Assinger (der Mann, der sich immer räuspern müsste, aber niemals räuspert) die Frage aller Fragen stellte: »Georg Wilhelm Friedrich Hegel schrieb die Phänomenologie a) des Geistes b) des Verstandes c) der Vernunft d) des Gehirns.« Stellen Sie sich vor, Herr Galilei: Der Kandidat hatte so viel Gehirn, Verstand und Vernunft, ohne jeden Joker a) Geist zu sagen. Der ORF kommt also nach wie vor in sensationeller Weise seinem Bildungsauftrag nach.
Auf einem anderen Sender wiederum gibt es eine eigene Wissenssendung, die nach Ihnen benannt ist, Galileo! Da erfuhr man letztens, wie man um 74.000 Euro sein altes Badezimmer herausreißt und sich ein neues Designerbadezimmer einbauen lässt. Was ich damit sagen will: Sie sind zwar mittlerweile rehabilitiert, lieber Galilei. Aber Sie haben trotzdem umsonst gelebt.

Fernsehgeschichte

Wollen Sie Fernsehgeschichte schreiben? Bewerben Sie sich bei der »Millionenshow«! Mit etwas Glück werden Sie genommen, fliegen nach Köln, kommen auf den heißen Stuhl in die Mitte, sehen den Studioleuchtturmlichtkegel und hören den Studioherzschlagfolgehornton. Smalltalk mit dem Moderator: Woher Sie kommen? Wer Sie sind? Wohin Sie gehen? Sie wissen, was nun kommt: Die 100-Euro-Frage. 100 Euro sind viel Geld, und viele müssen lange und hart dafür arbeiten. Aber die 100-Euro-Frage ist eine Beleidigung für Sie. Eine Beleidigung des menschlichen Intellekts an sich! Denken Sie sich: Für 100 Euro mache ich mich nicht öffentlich zum Affen. So tief lässt mich Geldgier nicht sinken!

Fangen Sie zu grübeln an. Lassen Sie Armin Assinger und das Publikum ruhig lachen (wer zuletzt lacht ...). Überlegen Sie hin und her. Gehen Sie auf die lächerlichen Hilfestellungen des Moderators erst gar nicht ein. Verlangen Sie den 50:50-Joker. Bleibt aber noch immer mindestens eine saublöde Antwort auf die saublöde Frage übrig. Ob Sie den Publikumsjoker oder den Telefonjoker wollen? Nein, die Frage ist zu beleidigend dumm, um sie irgendjemandem zuzumuten. Zucken Sie mit den Achseln. Schütteln Sie Herrn Assinger die Hand, stehen Sie auf, gehen Sie! Gratulation! Sie sind der erste Kandidat seit Anbeginn der Sendung, der die 100-Euro-Frage nicht beantwortet hat. Passiver Widerstand! Ziviler Ungehorsam! Sie haben Fernsehgeschichte geschrieben!

Canetti beim Casting

Nichts dokumentiert die Allmacht des Fernsehens besser als »Starmania«-Konzerte. Heute sind Martiiiiiin Zerza und Mario Iiiiiiiiii!!!!! Lang natürlich bekannter als Paul McCartney oder Mick Jagger. »The Who« rangieren im Who is Who weit hinter »Jetzt anders«. Jetzt ist alles anders: Tausende Leuchtstäbe (à 5 Euro) schunkeln in der Finsternis der Tribünen zur optischen Garnierung des zweistündigen Nonstop-Zwillens, das jede Musik akustisch erstickt.

Zigtausende Kinder und Junggebliebene kreischen zwölf jungen Menschen zu, die vor einem halben Jahr noch genauso unbekannt, namenlos und anonym waren wie ihr Publikum. Bis vor fünf Minuten haben sie auch noch nie ein eigenes Lied gesungen. Aber sie waren eben ein halbes Jahr jede Woche im Fernsehen und haben den ersten Flaum ihres Privatlebens vor einem Millionenpublikum ausgestreut. Visum ergo sum.

»Jetzt anders« trällern: »Dieser Moment soll ewig sein.« Ist er aber nicht. Hoffentlich endet keiner der zwölf Glorreichen heute in einem Jahr reanonymisiert im Zentrum für seelische Gesundheit. Soll schon vorgekommen sein.

Was ich persönlich aus dem »Starmania«-Konzert mitgenommen habe: Endlich wieder einmal *Masse und Macht* von Elias Canetti lesen. Das Buch ist günstig, kostet nicht einmal die Hälfte einer Eintrittskarte. Meine Buchhandlung hat im letzten Jahr aber nicht ein einziges Exemplar verkauft. Canetti war auch nie bei einer Castingshow ...

TV-Totalschaden

Die langweiligsten Nachmittage meiner Kindheit verbrachte ich am Fenster des Kinderzimmers, schaute stundenlang unbeweglich auf die Straße hinaus und beobachtete die Autos beim Autofahren oder im Stau. Manchmal schloss ich mit mir selbst Wetten bezüglich der Farbe oder des Kennzeichens des nächsten Autos. Meistens verlor ich diese Wetten. Damals in meiner Kindheit war die Welt leer und grau, und es gab nachmittags noch kein Fernsehen.

Jetzt aber beschert mir mein Heimatsender – sogar abends! – ein prächtiges Déjà-vu der einstigen Ödnis! Stumpfsinniges Autoschauen wie früher! Eine Dreiviertelstunde lang fremden Menschen beim Rückwärtseinparken in der Tiefgarage zuschauen – gewürzt mit dem großen Geist Robert Kratkys – das ist neben prickelnder Unterhaltung und knisternder Spannung ganz bestimmt ein Unternehmen von immensem pädagogischen Wert.

Kann es etwas Interessanteres geben als die Blechschäden anderer Leute? Naja, vielleicht die schlampigsten Zähneputzer zwischen Eisenstadt und Bregenz. Oder die schönsten Gastroskopien aus dem AKH? Robert Kratky berichtet aus der Bauchspeicheldrüse eines Wiener Hausmeisters!

Zwei Themenschwerpunkte hat der ORF am Anfang des Jahres mit großem Trara abgehandelt. Dann wurde es still. Der dritte läuft seither ohne Eigenwerbung: Themenschwerpunkt Schwachsinn.

Opferlogik

Bei Qualtinger heißt es einmal, wenn er das Folgetonhorn eines Rettungswagens höre, denke er als Erstes: Ich bin's nicht. So ist man fein heraußen! Am besten sind die Katastrophen und das Elend der anderen, wenn man
sie zehn Jahre später auf der Wohnzimmercouch konsumiert, sei es fiktionalisiert, sei es dokumentiert. Je schlimmer die Katastrophe, desto quotensicherer. Aus dem Schaden anderer wird man zwar nicht klug, dafür aber fidel, gemütlich und dankbar für die eigene Unversehrtheit.
Kein gutes Drama funktioniert ohne das Schlimme, ob das des Menschen oder der Natur. Idylle hingegen lässt sich dramaturgisch nur als Eingangsbild oder Abspann verwenden. Lassing und Galtür hätten wir wieder einmal überstanden. Schon aber nahen die Jahrestage der Tauerntunnelkatastrophe, von Kaprun, von 9/11 oder vom Weihnachtstsunami in Südostasien. Und gerade jetzt über hundert Feuertote in Südostaustralien.
Ich hoffe, ich habe nicht allzu viele Katastrophen aus dem letzten Jahrzehnt vergessen, die Natur oder Menschen angerichtet haben. Man muss sich aber zum Glück auch nicht mehr persönlich erinnern. Die Erinnerung wird einem schon industriell vorgestanzt. Man muss sich nur zurücklehnen und erschaudern – und sich denken: Zum Glück, ich bin's nicht ...

Nichts

Was macht man im November? Man hat Grippe, hohes Fieber, liegt im Bett und schaut fern. Ich stolperte dabei über einen sehr populären Mann, der für nahtfreie Unterhosen, Dominosteine, Kirchenbeitrag und Kreuzworträtselwissen wirbt.

Diesmal ging er mit irgendwelchen Leuten Schi fahren. Mit Ausnahme eines bereits mit Wollhäuberl frühstückenden, offenbar schwer depressiven Showmasters, dem man seine Show immer schon nach der ersten Folge wieder wegnimmt, und eines Fußballers, der sich hinter einer weißen Perücke versteckte, kannte ich niemanden. Bernie Rieder? Heidi Krings? Verena Scheitz? Diana Lueger? Oliver wer? Onka wie? Who the ... Es trugen aber eh alle Vollvisierhelme, und ohne Zeitnehmung am Gletscher Stemmpflug fuhren Dings, Dings und Dings. Sehr spannend. Ich hingegen hatte 39,5° Fieber. Es passierte: nichts! Es ging um: nichts! Und es kostete: einen Haufen! »Ein Nichts zu schau'n, tragt es nicht länger!«, dachte ich. »Solches Nichts kann der ORF seiner zahlenden Kundschaft doch nicht zumuten!« Wahrscheinlich bloß meine Phantasie im Fieberdelirium.

Ein österreichischer Schriftsteller bekommt kein Krankengeld. Also werde ich nach meiner Genesung dem ORF ein neues Soap-Konzept verkaufen. Arbeitstitel: »Jenny Jürgens beim Fußnägelschneiden.«

Auf der Insel

Eine Woche war ich auf einer Insel, fernsehfern, weltfremd und unerreichbar. Wieder zurück in unserer so genannten Zivilisation war die erste Botschaft, die ich empfangen habe, wie schnell und im Grund einfach man sich in die Schlagzeilen aller Nachrichtensender und auf alle Titelblätter der Welt bomben und ballern kann. Ich wollte es eigentlich gar nicht wissen ...

Seither habe ich viel über Rechtsextremismus, Islamisierung und gesellschaftliches Außenseitertum gesehen und gelesen, über Gewaltspiele im Internet und auch über mediale Mitverantwortung: Das war alles weder unrichtig noch unzutreffend, aber befriedigt haben mich die bedingten postkatastrophalen Analysereflexe nicht ganz.

Gern hätte ich erfahren, wie es dem Waffenindustriellen geht, in dessen Fabrik die Waffe des norwegischen Massenmörders erzeugt worden ist. Gern hätte ich gehört, wie es den Volksvertretern geht, die das Gesetz beschlossen haben, das privaten Schusswaffenbesitz gestattet. Davon war auf keinem Sender in keinem Format die Rede! Wird wohl eine mächtige Lobby etwas dagegen gehabt haben ...

Ent(schuss)waffnete man die Weltbevölkerung endlich, wäre schon viel gewonnen, auch wenn sie moralisch weiterhin im Neandertal verkehrt. Wenigstens auf der Insel wäre man sicher ...

Spuren

Ich habe vor 35 Jahren noch viel für die Klassengemeinschaft und meine Stellung darin getan, als ich das Portable-Fernsehgerät meines Vaters am Samstag in die Schule mitbrachte, damit wir in der Religionsstunde die Herrenabfahrt in St. Moritz anschauen konnten. Auch der Religionslehrer jubelte bei Zwillings Bestzeit mit. Ein Schüler musste vor der Klasse Wache schieben für den Fall, dass der Direktor kommt.

Das war freilich die große Ausnahme in der Wüste stunden-, ja tagelanger Fernsehlosigkeit. Damals hing noch kein so großes Fernsehgerät an der Klassenzimmerwand wie heute, unter dem der Deutschprofessor meiner Tochter beim Elternabend saß, als er den Eltern sagte, er sei kein Freund des Fernsehens, es erzeuge nämlich höchstens Informiertheit, niemals aber Wissen. Das sei ein großer Unterschied. Das Fernsehen hinterlasse keine Spuren. Wie der Deutschprofessor denke ich, dass es fatal ist, die Erziehung seiner Kinder völlig Tinkiwinki, Spongebob, Dieter Bohlen, Heidi Klum und Bruce Willis zu überlassen. Vielleicht liest die heutige Glosse sogar meine Tochter. Es ist ein weiter Weg, bis man so gebildet ist, dass man zum Beispiel Günter Eich und dessen resignatives Alterscredo liest: »Nur keine Spuren hinterlassen!«

Eins

Eins, sag ich mal. Seit einem Dreivierteljahr sagen ja alle Leute ohne rechten Zusammenhang andauernd »eins«: Mittlerweile sind das zusammengerechnet Stunden von Fernsehzeit! Die kosten Unsummen!
Also sag auch ich: Eins! Aber ich schaue es kaum. Dauernd Hollywood, der McDonald's der Filmindustrie, die unauffällige amerikanische Überschwemmung Europas (und Österreichs): Immer das Gleiche (alles eins). Immer dasselbe Muster: Idylle, plötzlich Problem, Krise, Bedrohung, Katastrophe. Ratlosigkeit, Orientierungslosigkeit, fünf vor zwölf; genialer Geistesblitz, unkonventionelle Intervention, Problem gelöst, Katastrophe verhindert. Amerika ist groß. Amerika schafft an. Noch zu riechen der Angstschweiß der Drehbuchautorencrew bei der Produzentensitzung.
Außer Hollywood gibt's auf »eins« Fußball: Große Erwartung, Spiel, plötzlich Problem, Bedrohung, Katastrophe. Ratlosigkeit, Orientierungslosigkeit, fünf vor zwölf. Alter Teamchefkopf weg, neuer Teamchefkopf her, Problem bleibt, Österreich ist klein. Abschaffen kann man es aber auch nicht. Schon zu riechen der Angstschweiß des Teams vor den weiten Flügen nach Kasachstan und Aserbaidschan. Ein neues Spiel, ein neues Unglück. Eins ... und noch eins. Und noch eins ...

Esti, die Umwegrentable

Ein »Thema«-Team des ORF sah sich unlängst in der Heimatgemeinde eines Mordopfers um und förderte zutage, dass der Dorfwirt »nichts Schlechtes« über das Opfer sagen kann. Da schau her! Da war das Schicksal der (mutmaßlichen) (Doppel-)Mörderin schon viel interessanter. Ihr Bluff am Flughafen in Schwechat! Die dramatische Flucht ins Friaul! Der Taxifahrer, die herzergreifende Straßenkünstlerszene von Udine, die Schwangerschaft und das werte Befinden im Triestiner Frauenknast, der Papa in Barcelona, Schriftsteller, Therapeut, Esoteriker und jetzt also bald Großvater ... diese Detailfreude! Das ist der Stoff, aus dem Realkrimis sind ...

Zwar verletzten manche Medien vorsätzlich und ungeniert die Persönlichkeitsrechte der Verdächtigen (erst kommen die Umwegrentabilität und die Quote, dann die Moral), behandelten sie quasi zur Entschuldigung aber fast wie eine Filmdiva und nannten sie »Eis-Lady« oder »Eis-Baronin«: In Österreich ist der Adel an und für sich abgeschafft – außer wenn man eines Kapitalverbrechens beschuldigt wird – und entsprechend gut ausschaut. Fehlt an Ehrerbietung noch: »Mörderin der Herzen«, »Engel der Elektromotorsäge« oder schlicht und einfach »Esti ist die Besti«. Im Grab umdrehen können sich ihre zersägten und einbetonierten Opfer ja nicht ... diesen ungeschriebenen Gesetzen entsprechend hätte es wohl auch Baby Blue, die Mundduschnixe und Sir Fuchs, den schlauen Reinecke gegeben. Frau Blauensteiner und der Briefbomber waren halt zu alt und hässlich, um hollywoodtauglich zu sein ...

Bei Luigi Malerba habe ich gerade gelesen: »Es ist mir nie gelungen, Kriminalromane zu lesen und ihrer abstrusen Geometrie zu folgen. In den Romanhandlungen geht am Ende immer alles auf, was im Leben fast nie der Fall ist. Und ich mag es nicht, wenn die Aufmerksamkeit voll und ganz auf den Mörder gelenkt und dabei das Opfer vernachlässigt wird. Das verfälscht stets die Entwicklung der Geschichte und lockt die Erwartungen des Lesers auf die falsche Fährte ...«

Ein Zeitungsleser ist noch lang kein Literaturleser. Ob ein Kriminalliteraturleser zu den Literaturlesern gehört, ist eine strittige Frage. Und was ist mit den Kriminalautoren? Was denken sie über solche realen Fälle? Sie schweigen. Hinterfragen sie ihre eigene Tätigkeit, wenn jemand ihr Vorerfundenes in die (Un-)Tat umsetzt? Im Gegenteil, sie argumentieren umgekehrt: Sie setzen – sagen sie – ihre Morde erstens homöopathisch, zweitens gesellschaftskritisch ein! Das mag sein: Tatsächlich zieht nicht jeder neue Krimi gleich eine Mordserie in der Wirklichkeit nach sich. Es gibt zwar wenig Leser, aber zum Glück noch immer viel mehr Leser als Mörder. Und es ist sicher klüger, den Krimiautor anstelle des Gewalttäters zu adeln: Das sage ich zu Ehren von Sir Arthur Conan Doyle. Trotzdem bin ich angesichts der Knochenfrau froh, dass ich nie ein Buch mit dem Titel »Der Knochenmann« geschrieben habe, auch wenn ich sicher einen Haufen Geld damit verdient hätte ...

Dramaturgisch funktionieren die Realkrimis ganz gleich wie die Fiktionalkrimis.

Die Anwälte der Estibaliz C. (wie kommen in einem solchen Fall die Verdächtigen eigentlich zu ihren Anwälten – oder geht das umgekehrt? Ist da etwa irgendjemand umwegrentabel kamerageil? Und warum gleich mehrere Anwälte in einem vergleichsweise »einfachen« Fall?), war in »Thema« zu hören, sorgen sich, ob jetzt nach der medialen »Hetzkampagne« noch ein »faires Verfahren« möglich ist. Auch manchem Juristen muss man akuten Realitätsverlust attestieren, falls die die Wahrheit nicht ganz bewusst verzerren, weil es ihren Geschäften nützt – ohne Rücksicht, wie sie das öffentliche Bewusstsein korrumpieren. (Es gilt die Unschuldsvermutung. Gschamster Diener!)

Und unsere »Gold-Esti«? Die kriegt wahrscheinlich lebenslänglich – und wird gleichzeitig Professor oder Hofrat.

Concordia

Meine Costa-Teetasse fest umklammert starre ich gebannt auf den Bildschirm, sehe den wie ein verendetes Walross vor der Küste umgefallenen Riesenozeandampfer und kann mich so schwer losreißen wie damals, als die Flugzeuge in die Wolkenkratzer Manhattans gedonnert sind! Die Macht der Bilder! Es bleibt bei dem verhängnisvollen Mechanismus: Für die Newsredaktionen gibt es gar nichts Günstigeres als Katastrophen! Je schlimmer die Wirklichkeit – und je spektakulärer das Schlimme –, desto besser das Infotainment.

Vor einem halben Jahr bin ich auf einem solchen Riesenluxusliner gewesen und hatte Angst vor Diebstahl und Aussetzung, Zungengrundangina und Herzinfarkt an Bord. (Die Krankenstation befand sich auf Deck 0, wirkte nicht sehr zeitgemäß, und eine Ordination hätte 60 Euro gekostet, was ein guter Grund war, darauf zu verzichten.) Nur davor, dass im 21. Jahrhundert das Schiff umfallen, also kippen – und auch all die Rettungsboote unbrauchbar werden könnten, weil sie gegen den Himmel gerichtet nicht ins Wasser gelassen werden könnten: Davor hatte ich keine Angst. Und jetzt das! Jetzt brauche ich Infos!

Dass ein Kapitän Verantwortung für 4200 Menschen und 75 Millionen Euro übernimmt und dann übermütig und feige handelt? Die Expertenmeinungen auf den diversen Kanälen gehen auseinander wie damals 1912 bei der Titanic. Deren Kapitän schwamm (angeblich) als Letzter in die stockdunkle Eismeernacht hinaus mit den Worten: »Bleibt British, boys!« Das hat der Italiener 2012 jedenfalls nicht getan.

Sex Sex Sex

Sex-Talk

In Riad wurde ein Mann, der in einer Fernsehshow über Sex geplaudert hatte, zu fünf Jahren Gefängnis und 1000 Peitschenhieben verurteilt. So gesehen bin ich sehr froh, im dekadenten Westeuropa zu leben, nutze die Gunst der Stunde und plaudere ungepeitscht aus Solidarität über Sex. Peitschenhiebe erinnern mich an den großen österreichischen Schriftsteller Leopold von Sacher-Masoch, dessen Urenkelin, die Rockröhre Marianne Faithfull (früher liiert mit dem Sexmonster Mick Jagger), ich letzte Woche einmal nach Mitternacht in der Tragikomödie »Irina Palm« gesehen habe.
Als Großmutter verdingt sie sich in einem Sexclub als Masseuse hinter einer Wand mit einem Loch und wird bald »die beste rechte Hand Londons«. Irina tut das nicht aus Lust, sondern aus Liebe, und zwar zu ihrem todkranken Enkel, um ihm mit dem Geld eine lebensrettende Operation zu ermöglichen. Dabei setzt sie sich über alle Konventionen des Spießertums hinweg und arbeitet so hart, dass sie sich einen »Penisarm« zuzieht.
Der Film ist gar nicht erotisch, nur menschlich rührend. Vielleicht hat ihn auch der saudi-arabische König Abdullah gesehen, denn der hat einer jungen Journalistin die 60 Peitschenhiebe erlassen, zu denen sie wegen der Fernsehsendung über Sex verurteilt worden war. Weiter so, Abdullah!

Sex Sex Sex

Was Sie schon immer über Sex wissen wollten, aber bisher nicht zu fragen wagten, erfahren Sie im TV auf allen Kanälen! »Partnertausch« am Montag! Langjährige Ehepartner probieren das Bäumchen-wechsel-dich-Spiel. Frivol angehauchtes Komödchen. Am Mittwoch »Eiskalte Engel«, Erotikthriller. »Choderlos de Laclos'«, »Gefährliche Liebschaften« auf der Highschool, danach »Deep Throat« mit Linda Lovelace, der französischen Revolutionärin. Außerdem: »Was Frauen wirklich wollen«: Sexspaß. Junge Frau spürt ihre Klitoris nicht mehr. (Oje!)

Am Donnerstag »Liebe, Sex und Seitensprünge«, der »chaotische Geschlechtskampf einiger Mitdreißiger«. Dazu: »Leipzig – Sex and the City. Das heimliche Nachtleben.«

Da kann auch der ORF nicht nachstehen und kontert mit zwei Erotikmagazinen. Sie heißen »lebens.art« und sogar »Kreuz & Quer« mit der guten Domina Doris Appel. Immer geht es um das Eine! Diesmal um »himmlische Lust & koscheren Sex«: Den veranstaltet man mit seiner eigenen Frau, wenn sie nicht die Periode hat. Aha. Ich weiß jetzt: 1. Sich liebend zu vereinigen ist eine heilige Handlung. 2. Zölibat ist bei der Jugend unerwünscht. 3. Sexualität ist etwas ganz Natürliches. Nichts Besonderes also. Das wollte ich über Sex aber gar nicht wissen.

Summer of 69

Der ORF-Themenschwerpunkt Ernährung ist spurlos an mir (und meinem Bauch) vorübergegangen. Beim Schwerpunkt Klimawandel hat gerade mal mein Über-Ich anstandshalber ein bisserl mitgemacht. Aber beim Themenschwerpunkt »Summer of 69« bin ich jetzt mit Leib und Seele, Feuer und Flamme dabei und dank ORF auf höchstem Niveau bestens informiert:
Ich weiß nun, dass »menage à trois« nicht Liebe, sondern Haushalt zu dritt bedeutet (aber man kann ja auch im Haushalt Liebe machen). Ich weiß, dass Sms das ideale Kommunikationsmittel für das Verbotene sind und Paris schon immer ein fruchtbarer Boden für Dreiecke war. Ich weiß, dass Max Ernst seine Frau mit Eluard und dessen Frau Gala betrog, die eine Affäre mit Picasso hatte, der seine Frau Fernande mit seinen Musen betrog, die auch von Eluard begehrt wurden, der seine Frau Gala Dalí abtrat, ohne je aufzuhören, sie zu lieben. Dalí, der für sein surreales Sensationsgemälde »Der große Masturbator« viel Lob und Ruhm einheimste, liebte Gala 34 Jahre lang und guckte ihr gerne beim Sex mit seinen Schülern zu.
Dank Alfred Kinsey (Liam Neeson) weiß ich, dass es manche dreimal am Tag, manche nur einmal im Leben tun, und dass 69 viele noch nicht wussten, was 69 bedeutet. Also, Leutinnen und Leute, packen wir es an. Es ist halt nur so: Vor dem Fernseher wird man ein bisserl passiv und vor lauter Zuschauen voyeuristisch ...

Ehebruch und Sexskandal

Egon Friedell schrieb: »Kein bedeutender Mensch hat uns je das Schauspiel eines tadellosen Lebens gezeigt.« Ja, das stimmt (leider).

Deswegen gestehe ich hier und heute, dass wir vier Haushälterinnen beschäftigten und ich dementsprechend vier uneheliche Kinder habe, das älteste 25, das jüngste 5 Jahre alt. Die Glücklichen wissen bis heute gar nicht, dass ich ihr Vater bin: Kostet auch eine schöne Stange Geld! Klar aber auch, dass ich mit diesem Outing meine ehelichen Kinder ins Unglück und die Ehefrau nach so vielen harmonischen Jahren in die Scheidung stürze. Musste halt sein am Weg, ein bedeutender Mann zu werden ...

Auch den Hotelstubenmäderln im ganzen Land stelle ich aus rein beruflichen Gründen nach. Image is everything. Die Goldenen Blätterer wollen bedient sein. Privat würde ich mir solche Eskapaden nie leisten. Privat sind mir Exzesse superwurst, und Ekstase würde ich am liebsten mit »x« schreiben! Ich kann es mir halt nicht leisten.

Die tadellosen Menschen sitzen vor dem Fernseher, die tadelnswerten drinnen. Aber drinnen verdient man besser. Jetzt sind Sie natürlich begierig zu erfahren, was ich mit den Hotelstubenmädchen konkret anstelle: Also, ich ... aber hier ist die Glosse aus.

Meine Hochzeit

Was macht der Promi im Frühlingsloch? Heiraten! Als ich geheiratet habe, gab es ein großes Fest. Irgendetwas fehlte mir aber dabei. Ich trug Frack, Fliege und Manschettenknöpfe, meine Lackschuhe glänzten, und ich war ein schöner Bräutigam. Ich war bis über beide Ohren in mich verliebt, und alle konnten sehen, dass ich gut mit mir zusammenpasste. Ich bin, um es einmal so zu formulieren, ein Herz und eine Seele. Trotzdem fehlte mir etwas.
Den Ehering hatte ich in Dubai besorgt. Ziel meiner Hochzeitsreise war der Oman, die Suite eines Zehnsternehotels. Etwas hatte ich aber vergessen, dachte ich. Zur Hochzeitstafel waren die Spitzen der Gesellschaft geladen, die der Schickeria, der Intelligenz, der Politik, aber auch ein paar der engsten Verwandten. Gekrönte Häupter, gekrönte Brüste, gekrönte Beine. Und natürlich Adabeis und Fotografen, Fotografen, Fotografen. Nur ein Detail fehlte noch zur Seligkeit.
Die Speisenfolge, ein zwanziggängiger Traum in Französisch. Den Hochzeitswalzer tanzte ich offen. Danach warf ich den Brautstrauß hinter mich. Als glänzender Redner hielt ich die Brautrede selbst. Schließlich erhob ich mein Glas und rief: Champagner!
Irgendetwas fehlte bei meiner Hochzeit aber noch immer. Ich blickte nach links, ich blickte nach rechts, und da fiel es mir plötzlich ein: Ach ja, das Fernsehen!

Kreuz und Kinderkrise

Die wirklich wichtigen Fragen der Zeit werden – Gott sei Dank! – in »Kreuz und Quer« gestellt, zum Beispiel, »warum wir immer weniger Kinder bekommen«, warum die Frauen »selbst in den Tälern des Mürztales« in Gebärstreik getreten sind.
Die falsche Antwort wäre, dass alle Frauen, statt sich zu vermehren, nur noch »Kreuz und Quer« schauen, und auch alle Männer sich nur noch nach Doris Appel verzehren. Dagegen hört man so einleuchtende Begründungen wie: »Die Frauen sind berufstätig. Die Doppelbelastung wäre zu arg« oder »Frauen mit Bildung entscheiden sich für eine gleichberechtigte Stellung in der Gesellschaft – für Beruf, gegen Kinder« oder »mit 4 Kindern würde die Trennung vom Partner eine schwerwiegende Belastung«. Zur Illustration sieht man eine Mürztalerin, die Orchideenkunde studiert hat, keinen adäquaten Job findet, daher akademisch graduiert kellnert, weshalb ein Kind kein Thema ist. Tja. Also: »Kinderkriegen wird bei uns ein immer selteneres Ereignis.«
Diskret verschweigt »Kreuz und Quer«, dass es schon noch Österreicherinnen gibt, die für Nachwuchs sorgen, drei, vier oder mehr Kinder kriegen und »zu Hause bleiben«. Sie sehen auch viel fern, aber eben nicht »Kreuz und Quer«, sondern via Satellit nach Süden. À la longue schlechte Aussichten für Doris Appel!

Penthouse

Ein Roman besteht aus – sagen wir – einer Million Zeichen, eine Glosse aus 1000. Das heißt, im Unterschied zum ausufernd erzählenden Romancier muss der Kolumnist einen eisernen Sparkurs fahren. Die drastischen Einsparungsmaßnahmen betreffen ganze Sätze, Worte (v. a. Artikel, Adjektiva), selbst einzelne Buchstaben.

Noch ärmer dran ist aber der Teletexter. Unlängst habe ich die Meldung »Elsner verlässt Penthouse« gelesen und bin stutzig geworden. Zum Familiennamen Elsner assoziiere ich entweder Branko, Professor, ehemaliger österreichischer Teamchef oder Hannelore, immergrüne Dame des deutschen Spielfilms und Stammgast auf der »Wetten, dass ...?«-Bank.

Da Penthouse ein Herrenmagazin ist, kann also nur Hannelore gemeint gewesen sein. Dass sie »Penthouse« verlässt und ins Charakterfach wechselt (letztlich eine Altersfrage) hat mich gewundert, weil ich nicht wusste, dass sie jemals drin war.

Kurzum: Ich habe die Nachricht angeklickt, dann aber erfahren müssen, dass die Gattin eines inhaftierten Bankiers aus ihrem Penthouse, also der Wiener Dach-Luxuswohnung ausziehen muss. Und was geht mich das an? Oder irgendjemanden? Nur ein paar Buchstaben, aber immer noch zu viel ...

»Süddeutsche TV« heißt das Bildungsformat von RTL. Da sah ich unlängst eine sehr lehrreiche Doku über den russischen Feldzug, nicht den 1942 nach Stalingrad, sondern den 2009 nach Kaliningrad. Als Munition hatten die Deutschen diesmal Geld (und eine Menge Plüschtiere) mit. Die Russen hingegen hinterließen diesmal keine verbrannte Erde, sondern Russinnen im Vorstadthotelfoyer.
Als Musterbeispiel des deutschen Aggressors fungierte der Fruchtsafttechniker Heiko aus Oberbayern, dessen Äußeres ich höflich nur als »unschön« beschreiben kann. Sein Inneres gewann auch durch die Mitfuhr von Plüschtieren leider nicht wirklich. Aber er glaubte alles mit Geld regeln zu können. Es ging in Kaliningrad zu wie am Viehmarkt. Wie viele Bildungsformate war auch dieses ziemlich deprimierend. Dass die Russinnen ebenfalls so geldgierig waren, dass sie mit ihm gratis nicht einmal redeten, deprimierte wiederum Heiko so, dass er sagte, er suche eine, die es ehrlich meint. Da musste ich wieder lachen.
Heiko verschwendete keinen Gedanken daran, dass Kaliningrad vor 200 Jahren Königsberg hieß. Damals lebte Immanuel Kant hier. Der hatte auch nie eine Frau. Stattdessen schrieb er lieber eine »Metaphysik der Sitten«. Davon erfährt man auf RTL aber nichts.

Thema

Da der Geizkragen Niki Lauda bekanntlich nichts zu verschenken hat, vermute ich, er hat vom Küniglberg längst einen Werkvertrag als Quotenempörter erhalten, damit »Thema« sagen kann, was »Thema« ist, damit der ORF stolz eine »Aufregung« behaupten – und damit Christoph Feurstein (der schon dank Natascha Kampusch auf ORF-Kosten viel in der Welt herumgekommen ist) auch in Zeiten öffentlicher Sparwut nach Deutschland jetten und eine abgedankte Pornokönigin fragen kann, was sie von der »Aufregung« um sie hält. Als hätte er die Dame das nicht auch in 14 Tagen in Wien fragen können! Darüber sollte sich Herr Lauda beschweren.

Im Interview erklärt Frau Busta als Erstes, dass sie nicht tanzen kann und es auch nicht lernen wird (ideal für eine Tanzsendung ...). Aber als intellektuell gewordene Dame weiß sie sicher, dass der längst verstorbene Aphoristiker Walter Nowotny gemeint hat, Tanzen sei Geschlechtsakt in Kleidern. Also wird sie wohl doch ein bisserl tanzen können ...

Hauptsache, man redet über Pornographie, sagte eine Sexualtherapeutin in »Thema«. Was könnte ich also dazu beitragen? Ich bin in unserer arbeitsteiligen Gesellschaft allen Pornomodellen dankbar für das, was sie tun. Man kann ja schließlich nicht alles selber machen!

Ins Lond einischaun

Wir Ösis

Spätnachts am Rande der EURO bringt ZDF Länderkunde: Ethno, Klischees, Kultur aus Österreich: Da findet man Sisi und Einspänner, Jodeln und LifeBall, Cordoba und Dorotheum, Titelfetisch und Totenkult (»Der Herr Oberoberoffizial Grissemann ist wirklich a scheene Leich«), Einspänner (»machen sie besser als wir«) und Falco. (Dafür ist Mozart in Deutschland ein Deutscher.)
Kurioses: Eine Militärmoschee und ein oberösterreichischer 91-Seelen-Ort namens »Fucking« (man spricht: »u«). 13 Mal wurde dort schon die Ortstafel gestohlen. Jetzt hat man sie einbetoniert. In Österreich steht ein Kernkraftwerk, das niemals in Betrieb genommen worden ist, und auch Motorradfahrer müssen hier Verbandszeug mitnehmen. Die Selbstmordrate ist hoch, das Militärbudget niedrig.
Politisches: »Die Ösis zelebrieren das Alte. Irgendwie sind sie in ihrer guten alten Zeit aber steckengeblieben.« Bei H natürlich Haider: In Braunton gehalten, in seiner Sprechblase steht »Bla, Bla, Bla«; Markenzeichen: »Markige verbale Entgleisungen«. Die fünftlässigste ZDF-Österreicherin ist Elfriede Jelinek (Pech für Handke), der zweitlässigste Sigmund Freud; der lässigste ZDF-Österreicher dann aber doch Arnold Schwarzenegger (Pech für Freud).
Wie wahr, wie wahr. Nur eines, liebe Nachbarn: »Fiaker« betont man auf dem a, nicht auf dem i.

Wie indiskret!

Fast eine ganze Minute lang habe ich letztens dem Bauer und der Frau beim Schmusen auf der Alm zugesehen (dann aber ausgeschaltet). Was heißt Schmusen? Zungenschmusen, Mund-zu-Mund-Beatmung mit integrierter Wangenausbuchtung!
Und ich habe mir gedacht: Wie indiskret von mir!
Zum Glück konnten die zwei nicht sehen, dass ich sie sehen konnte. Aber, dachte ich, eine Kamera (die nicht zu sehen war) muss doch da gewesen sein. Und hinter der Kamera ein Kameramann. Und ein Tontechniker. Ein Beleuchter. Ein Redaktionsassistent. Ein Redakteur. Und die alle müssen dem Bauer und der Frau beim Almzungenschmusen zugesehen haben. Sie sind mit der Kamera sogar im Kreis rund um die Schmusenden herumgefahren, sodass Bauer und Frau bei der Mundhöhlenpolka aus den Augenwinkeln heraus sehen mussten, dass sie gesehen und gedreht werden. Haben sie sich wie ich gedacht: Wie indiskret! Wie peinlich! Oder haben sie nur ans Geld gedacht? Ruhm und Ehre werden sie ja nicht im Sinn gehabt haben ...
»Ich bin die glücklichste Frau der Welt!«, sagte die strahlende Frau; aber nicht dem Bauer, sondern der Kamera. Zufällig sendete der österreichische Konkurrenzsender gleichzeitig einen »Club 2« zum Thema Prostitution.
Mein Fernseher blieb schwarz. Bauern sind mir ab sofort zu kompliziert.

Hasen-TV

Zu Weihnachten haben meine Töchter einen Hasen bekommen. Weil es in Jännernächten noch kühl war, brachten wir es nicht übers Herz, ihn im Freien übernachten zu lassen. So ließen wir ihn zu uns ins Wohnzimmer, und aus dem Feldhasen wurde ein Haushase.

Er hat gleich ein geeignetes Plätzchen gefunden, nämlich das Fensterbankerl. Dort steht die Weihnachtskrippe, und der Hase hat mit seiner Schnauze als Erstes sämtliche Krippenfiguren hinausgeschmissen und es sich selbst in der Krippe gemütlich gemacht. Natürlich haben wir es auch nach Maria Lichtmess nicht übers Herz gebracht, ihn zu delogieren.

Entscheidend bei der Platzwahl war für den Hasen aber, dass man vom Fensterbankerl aus eine gute Sicht auf den Fernseher hat. Anfangs konnte ich es nicht glauben, aber es stimmt: Der Hase sieht fern! Gebannt! Mit Begeisterung! Ob »CSI Miami«, »SOKO Kitzbühel« oder »Monk«: Er schaut alles. Nur die vielen Naturgeräusche und das Vögelkreischen bei »Universum« machen ihm Angst und er spitzt die Ohren. Aber er beißt sogar, wenn man ihn vom Fernseher wegtragen will. Erst bei der ZIB 24 gähnt er, schließt die Augen und schläft friedlich ein.

Jetzt kommt sein Jahreshöhepunkt: Als Osterhase in der Weihnachtskrippe den Segen Urbi et orbi empfangen: Das kann man sich nicht entgehen lassen!

Beim Arzt vom Wörthersee

Letztens war ich beim Arzt vom Wörthersee. Ich hatte seit Wochen starke Fußschmerzen, und niemand hatte mir helfen können. Der Arzt gab mir eine Spritze in den Mund, und – zack – waren meine Fußschmerzen verschwunden! Der medizinische Fortschritt ist schon sagenhaft! Während des Spritzens kam auch noch die Oma des Arztes mit einem Korb frischen Obstes ins Behandlungszimmer.

Maria Wörth ist ein lässiger Ort: Der Sonnenaufgang dauert acht Stunden – und wird sofort vom Sonnenuntergang abgelöst. Bedrohlich ist nur, dass andauernd Hubschrauber über dem Örtchen kreisen – angeblich wegen Landschaftsaufnahmen.

Nach meiner Wunderheilung musste der Arzt sofort in die Kirche, um sich von einem falschen Priester trauen zu lassen. (Er wurde beim Aussteigen aus dem Zug vom ganzen Ort ohne jeden Grund für den neuen Pfarrer gehalten.) Zur Hochzeit kam es jedoch nicht, denn das Kinderheim brannte ab. Heißa, das gab ein Handyklingeln im Kirchenschiff! Irgendjemand hatte nämlich den ganzen Ort von der Katastrophe informiert, nur die Feuerwehr nicht. Die traf daher auch als Letzte am Unglücksort ein. Angeblich wurde der Brand von einem Drehbuchautor verursacht – beim Versuch, sein Drehbuch in Flammen aufgehen zu lassen. Es ist ihm leider nicht gelungen.

Am Titicaca See

Meine persönliche Wahl zum absurdesten Fernsehdialog des Jahres hat folgender aus dem »Traumschiff« von letztem Sonntag gewonnen: Bei einem Landausflug in Peru kommen der Papa und seine kleine Tochter am Titicaca See vorbei, und das Allererste, was er ihr tief beeindruckt und aus dem Stegreif ganz spontan sagt, ist: »Der Titicaca See ist 13 Mal größer als der Bodensee und 280 Meter tief!« Darauf eine Begleiterin: »Sie sind aber ein lieber Papa!« Und der antwortet: »Ja, die Kleine ist alles, was ich habe!«

Ich habe in der letzten Woche viel über diesen Dialog nachgedacht, und folgende Fragen brennen in mir: Ist der Papa lieb, weil der Titicaca See 13 Mal größer als der Bodensee ist, oder weil er sich so rührend um die Bildung seiner Tochter kümmert? Wird sie es im Leben einmal leichter haben, weil der Titicaca See 280 Meter tief ist, und was bedeutet das für den Bodensee und seine Menschen?

Vieles ist schwer zu verstehen. Trotzdem wird es um 20.15 gesendet im Rahmen des Themenschwerpunktes »Absurdes Theater unserer Tage«. So kommt der ORF Kultur- und Bildungsauftrag nach. Falls der »Traumschiff«-Drehbuchautor bereits Selbstmord infolge Selbst-ekels begangen hat: Beileid. Falls nicht: Mitleid.

Haider & Haider

Ich traf meine Nachbarin Frau Wegscheider im Supermarkt vor dem Zeitschriftenregal. Ihr Blick fiel auf die Schlagzeile eines TV-Magazins: »Haider wird Dancing Star!« »Kann man den nicht endlich in Frieden ruhen lassen!«, jammerte sie. »Allein was man der armen Witwe damit antut! Pietätlos!«
Eine andere Konsumentin: »Schauen Sie mal den Bericht an – er tanzt mit einem Mann!« Eine dritte: »Na sicher, mit dem Villacher Kirchtagskellner, mit diesem René!«
Ein Konsument: »Sie verwechseln da etwas, meine Damen! Es geht um Alfons!«
Erste Dame: »Wissen Sie, was der bei der Pörtschacher Starnacht 2008 gesagt hat? Die beiden Haider hier ...«
Zweite Dame: »Ah, haben die damals schon miteinander getanzt? Waren die zusammen? Haider & Haider?«
»Glaub ich nicht. Die Ideologie stand der Liebe im Weg ...«
Kassiererin: »Solange Homosexualität ein Schimpfwort ist, mit dem Jugendliche einander mobben, halte ich es für eine gute Tat, wenn Männer im Fernsehen miteinander tanzen! Tut ja keinem weh!« Konsumentin: »Na, Sie tanzen aber ganz schön aus der Reihe! Keine Angst um ihren Arbeitsplatz?« Ich merkte gerade, dass ich zum Glück gar nichts konsumiert hatte. Also ließ ich die Diskutanten an der Kassa stehen und verschwand.

Der Superförster

Es ist sehr leicht, sich über Försterserien lustig zu machen. Aber wenn man registriertes Mitglied beim »Forsthaus Falkenau«-Fanclub ist, sieht man die Dinge natürlich etwas differenzierter. Schließlich können 7 Millionen Deutsche nicht irren, wenn sie den Wald vor lauter Forsthäusern nicht sehen.

Wer entdeckt denn auf seinem Rundgang verwilderte Kaninchen, die sich die zarten Triebe junger Bäume schmecken lassen? Wer stemmt sich dem Schicksal entgegen und ruft entschlossen: »So nicht, Kaninchen!« Genau! Der Förster! Wer beobachtet, wie der böse Bauer Kreidlmayr eine frische Tannenkultur mit einem Unkrautvernichtungsmittel besprüht? Der will eine Christbaumkultur anlegen! Ein eindeutiger Verstoß gegen das Waldgesetz, Schurke! Danke, Förster!

Wer stoppt den wilden Reiter im Küblacher Wald, der unerkannt über Stock und Stein prescht und so Mensch und Natur gefährdet? »Halt, du Waldrowdy!« Danke, Förster! Wer hilft Kargerwirtin Sybille, die dringend Geld braucht? Denn zur Trauer um ihren verstorbenen Geliebten Brenner kommt nun auch noch eine größere Geldforderung der landwirtschaftlichen Berufsgenossenschaft. Verdammt! (vulgo: Kruzitürken!) Aber unser Superförster macht's wieder gut. Deswegen rufen wir jetzt alle laut im Chor: »Danke, Förster, du bist unser Held!«

Herzkino

»Herzkino« nennt das ZDF neuerdings sein sonntagabendliches Erbauungsformat. Das gibt mir zweierlei zu denken: Zum einen, dass das Fernsehen sich selbst als sein Vorgänger bewirbt, den umzubringen und auszulöschen es einst angetreten war: Das Kino! Aber das Kino hat sich seiner Ermordung erfolgreich widersetzt, es hat zu viele Vorteile:

Man kann sich anziehen, außer Haus gehen, und man kommt unter Leute, ohne sich mit ihnen beschäftigen zu müssen. Man kann sie aber mit Kartoffelchipgeräuschen und großen Hinterköpfen ärgern. Ohne Fernbedienung kann man sich nicht auf Surfodyssee verirren. Stattdessen ist man sogar ein »Cineast«.

Zum anderen aber das »Herz«? Hat nicht Oscar Wilde gesagt: »Das Herz des Künstlers ist sein Kopf!« Ja, hat er. Mein einmaliger Test (zufällig im malerischen Rovinj gemacht; es hätten aber auch Cornwall oder Südschweden sein können) hat ergeben: »Herzkino« bedeutet: Schöne Menschen an schönen Orten in doofen Storys. »Hirnkino« wäre demnach: Schiarche Menschen an schiarchen Orten – aber immerhin in klugen und notwendigen Geschichten. Aber dafür wirbt eben niemand! Fernando Pessoa im schönen Portugal sagte: »Wenn das Herz denken könnte, würde es still stehen.«

Gelächter aus dem Off

Satiregesetz

Nach dem weite Teile der Bevölkerung empörenden, weil geschmacklosen und pietätlosen, Auftritt von Grissemann & Stermann ist es höchste Zeit, die wehrlose Gesellschaft vor ihren fürchterlichen Satirikern in Schutz zu nehmen und endlich ein Satiregesetz zu verabschieden:

§1. Eine Satire muss geschmackvoll sein.

§2. Eine Satire muss pietätvoll sein.

§3. Eine Satire darf sich nicht über Zustände oder Personen lustig machen, vor allem, wenn es denen nicht so gut geht.

§4. Eine Satire darf andere nicht verletzen oder beleidigen und muss mit dem gesunden Volksempfinden übereinstimmen.

§5. Eine Satire darf die Wahrheit sagen, denn die Wahrheit ist dem Menschen zumutbar.

§5.1. Was die Wahrheit ist, hat der Satiriker vor dem Abfassen seiner satirischen Ergüsse je nach Thema im Bundeskanzleramt, im Amt der Landesregierung oder im Magistrat zu erfragen.

§5.2. Nach Vorlage der Satire im dortigen Geschmacksbüro, im Pietätsbüro sowie im Büro für gesundes Volksempfinden steht einer Publikation nichts mehr im Wege. Zuwiderhandeln wird mit rigorosen Auftrittsverboten geahndet.

§6. Herrn Dirk Stermann ist es als Nichtkärntner fortan untersagt, einen Kärntner Anzug zu tragen. Wenn Herr Stermann sagt, diesen Kärntner Anzug hätten schon andere Nichtkärntner getragen, dann ist das: 1. geschmacklos. 2. pietätlos.

Der Witz

And now for something completely different: Im Schatten der Song-Contest-Woche zeigte arte eine famose sechsteilige Monty-Python-Dokumentation.
Da es noch immer zu wenig arte-Seher und zu wenig Monty-Python-Fans gibt, hier das Wichtigste in Schlagworten: Der erste große Hit der Gruppe hieß nicht »Always look on the bright side of life« (zum Mitschunkeln am Kreuz geträllert und gepfiffen am Ende von »Das Leben des Brian« – gedreht übrigens in Tunesien!), sondern »Sit on my face and say that you love me«.
Finanziert hat den »Brian« der große George Harrison, der deswegen selbst einen Kredit über 5 Millionen Pfund aufgenommen und dafür sein Haus verpfändet hat! (Zum Dank haben Monty Python zum Beatles-Hit »When we are 64« ihren »When we are 69« (... life will be fine) hinzugefügt.) Das Geld für »Die Ritter der Kokosnuss« wiederum kam von Pink Floyd. Elvis Presley konnte den Text des Films fast auswendig. (Ich übrigens auch.) Wer solche Finanziers und Fans hat, kann sich was erlauben.
Bei der Beerdigung des früh verstorbenen Sir Arthur-Brian-Graham Chapman riss John Cleese Witze. In höherem Alter, sagte er später, lacht man seltener, weil man alle Witze schon kennt. (Dann macht man lieber Werbung für Wettbüros.) Wie Lebensmittel ist ein Witz nach einmaligem Konsum verbraucht. Deswegen mache ich keine.

Star Dreck

Danke, William Shatner (78)! Danke, Leonard Nimoy (78)! Ohne euch wäre meine Kindheit nicht so glücklich gewesen wie sie war! Danke, Weltraum! Danke, ihr unendlichen Weiten im Jahr 2200! Danke, Enterprise, für deine Abenteuer, bei der du in Galaxien vorgedrungen bist, die noch nie ein Fernsehkonsument zuvor gesehen hat! Man sieht: Ich kann eure Signation noch heute auswendig!

Danke, fürs Beamen, Scotty! Danke für die Pillen, Pille! Danke für eure extreme Mode, diese Mischung aus Taucheranzug und ABBA-Konzert! Danke, Mr. Spock, nicht nur für die gespitzten Ohren und das Logikseminar, sondern auch dafür, dass Sie denselben Friseur wie Mireille Mathieu hatten! Danke, Crew, dass du 45 Minuten beim Enterprisefenster hinaus auf irgendeinen Knödel starren konntest, der durch das Weltall kugelte, und ich daheim tatsächlich gefürchtet habe, die Welt geht unter! Das war herrlich!

Mein absoluter Star zwischen den Sternen war wegen ihres Namens, ihrer Beine und ihrer Stiefel aber Leutnant Uhura (Vor- oder Nachname: Wer weiß?). Mit dieser Frau hätte ich ... naja, ich war damals noch zu jung, und heute ist sie zu alt. Aber jetzt wird ein neuer Film gedreht: Captain Kirk und Mr. Spock im Kindergarten! Frohbotschaft! Ich geh zur Premiere! Ich schau mir jeden Star Dreck an!

Vampir-TV

Reality Soap war gestern. Heute ist Vampirismus angesagt, um unsere lieben Kleinen (dt.: Kids) vor dem Fernseher festzunageln.

Seit Bram Stokers Gründerzeit ist vieles anders geworden: Zwar kann es schon noch passieren, dass ein Vampir einen Holzpflock ins Herz gerammt bekommt. Aber das Outfit kann man nicht mehr mit den staubigen Stehkragenmänteln mit dem kardinalroten Innenfutter à la Christopher Lee vergleichen. In »Vampire Diaries« tummeln sich nette Highschool-party-Vampire in hippen Converse-Turnschuhen und Designer-Unterhemden. Sie leben nicht mehr in Transsylvanien, sondern in Mystic Falls, sind dank spezieller Kristallhalsbänder tageslichttauglich, gesundheits- und ernährungsbewusst (manche Vampire trinken überhaupt nur Tierblut – gerade, dass sie keine Vegetarier sind!) und haben auch schon sehr zukunftsweisende Zahnregulierungen. Außerdem haben sie tolle Tricks auf Lager, z. B. Gedächtnismanipulationen.

Klar, dass unsere Kleinen jetzt in kollektive Agonie und Depression verfallen sind, nachdem am Mittwoch auf Pro 7 die letzte Folge ausgestrahlt wurde. Was nun? Zurück zu den Manipulationen der ungebissenen Heidi Klum? Oder hohe Kunst? Voltaire, liebe Kinder, sagt zum Beispiel, die wahren Vampire unserer Zeit seien die Börsenspekulanten ... (Das nenne ich »seiner Zeit voraus sein«!)

Eine gemeinsame Währung kann man verordnen. Eine gemeinsame Sprache kann man hingegen nicht am ganzen Kontinent zu einem bestimmten Datum einführen: Da spielen (oder lernen) die Menschen nicht mit. Also muss man diese gemeinsame Sprache einschleusen und infiltrieren – und nichts ist hier hilfreicher als ein Massenmedium wie das Fernsehen.
Zielpublikum des gemeinsamen Marktes sind natürlich junge, lernfähige, bieg- und beugsame Menschen. Bei den von Reykjavik bis Syrakus überall gleichen Castingshows wird ihnen natürlich nicht Bulgarisch, Finnisch oder Ungarisch zugemutet, sondern »Songs« und »Live acts«, die »performed« werden, »Newcomerbands«, die in der »VIP-Lounge« oder im »green room« auf das »Voting« warten – etc. Das ist die »message for Europe«.
Eines Tages wird man den Musikfilm »Mama mia« dann auch im ORF ohne Untertitel senden können. Die schönsten möchte ich an dieser Stelle aber für die Ewigkeit bewahren: Dancing Queen (»Tanzkönigin«), You can have the time of your life (»Du kannst die Zeit deines Lebens haben«). Take it or leave it (»Nimm es oder lass es ganz!«). A man after midnight (»Ein Mann nach Mitternacht«) und natürlich Super Trouper (»Super Trouper«). »Mamma mia« wurde übrigens mit »Mamma mia« übersetzt. Das war leider falsch.

Wiiilma!

Nach einer Lesung für einen akademischen Frauenverein fragten mich neulich etliche bezaubernde Damen, wann ich denn endlich einen großen Roman über eine starke Frau schreibe.

Das dauert noch; aber zumindest eine Glosse über Wilma Feuerstein geht sich anlässlich ihres 50. Geburtstags aus: Diese rothaarige Femme fatale aus dem Paläozoikum ist nämlich für eine meiner ärgsten frühkindlichen Traumatisierungen verantwortlich! Das Kasperltheaterkrokodil, Dracula, Frankenstein, Frankenfeld: Alle habe ich locker überstanden. Aber bis heute habe ich das Schreckensbild nicht verarbeiten können, wie der brutale Wilma-Vamp im Feuerstein-Abspann den armen Fred aus dem Haus wirft! Noch heute fährt es mir durch Mark und Bein, wie Fred mit beiden Fäusten an die Tür trommelt und verzweifelt »Wiiilma!!!« brüllt.

Bis heute weiß ich nicht, warum Wilma, diese Steinzeit-Sharon-Stone, das getan hat! Bloß weil Fred mit seinem Kumpel, dem Geröllheimer Barney, nach einem harten Arbeitstag im Steinbruch auf ein Bierchen gegangen ist? Seit meiner Kindheit war es mein Lebensziel, dass mir nicht so etwas wie Fred passiert. Deswegen verlasse ich das Haus so gut wie nicht. Nur zum Müllraustragen. Und ich habe lieber Betty Geröllheimer geheiratet. Basic Instinct!

Filmstar

Das Allerneueste: Meine Nachbarin, Frau Wegscheider, steigt groß ins Filmgeschäft ein! Zufällig war sie im Sommer ausgerechnet an dem Tag im Restaurant des Hotels Sille in Reifnitz essen, als dort das Casting für den »Arzt vom Wörthersee« stattfand. Frau Wegscheider ließ sich notieren, photographieren und wurde nach wochenlangem Schweigen plötzlich tatsächlich von der Produktionscrew angerufen und für die schwierige Rolle eines »Kurgasts« engagiert. Dazu sollte sie in »gehobener Alltagskleidung« am Set erscheinen.

Frau Wegscheider wollte ihren Part als subtile Charakterstudie anlegen: nicht krank und nicht gesund. »Wenn ich bloß wüsste, was ›gehobene Alltagskleidung‹ ist!« Sie packte also drei schwere Kleiderkoffer zusammen und ließ sich von mir nach Maria Wörth chauffieren. Binnen 24 Stunden hatte meine Nachbarin sämtliche Allüren, die man auch von Demi Moore, Monica Bellucci, Penélope Cruz und Scarlett Johansson kennt.

Schließlich wurde Frau Wegscheider vom Regisseur dazu auserwählt, einen gelben Bademantel zu tragen und im Bildhintergrund an einer Säule des Empfangsbereichs des Gesundheitszentrums zu lehnen. Wenn die Folge im kommenden Frühjahr ausgestrahlt wird, wird man Scarlett Wegscheider mindestens zwei Zehntelsekunden lang bewundern können. Der ganze Gemeindebau muss zuschauen. Weh dem, der die zwei Zehntel versäumt!

Scherzinfarkt

Neulich wurde ich überfallen, gefesselt und – den Kopf in einen Schraubstock eingespannt – gezwungen, »Narrisch guat« zu schauen. Als weitgehend humorloser Mann musste ich also mit unbewegter Miene haufenweise vor Kalauern triefende Dialoge von Menschen in karierten Sakkos mit Struwwelpeterperücken und Zahnlücken über mich ergehen lassen, die hauptsächlich von der Verwechslung von Lebenswelt und Metaebene lebten. Geboten wurden außerdem Schwiegermutterwitze, Ehefrauenwitze (der Drache daheim, hahaha!), Amtshandlungswitze, Politikerwitze, Legasthenikerwitze, außerdem viele Gedichte im Reimschema aa, bb, aa, bb. Dadurch wurde die Stimmung immer besser. Die längst lachfertigen Volksmundwinkel waren schon ohrläppchenhoch, als der Volksmund sich zu einem Volksgrinsen öffnete. Dank dauernden Trinkens war schon bald Gelächter vor oder auch statt einer Pointe möglich. Als ein als Frau verkleideter Kardinal Jägerwitze, Eierwitze und Schlaflosigkeitswitze erzählte, drohte schon manch einem älteren Narrenkappenträger ein Scherzinfarkt (wie eine Nummer hieß). Besonders erstaunlich jenes Lied über Haarausfall, bei dem die Sänger ihre STS-Perücken abnahmen, wodurch Glatzenperücken zum Vorschein kamen. Weil alle gelacht haben, nur ich nicht, muss es wohl an mir liegen. Ich hab einfach keinen Humor. So sorry.

Forellenfurz

Unlängst bin ich in einem Hotelzimmer im Westen Wiens aufgewacht und sah aus dem Fenster das ORF-Zentrum und den Küniglberg. Ich war also schon in der Nacht ganz in der Nähe des Studios, in dem Stermann und Grissemann Österreich late at night willkommen heißen: Deutlich harmloser, als ihre genialen Song-Contest-Moderationen im Radio vor ein paar Jahren waren.
Beim Zappen im Hotelzimmer-Fernseher sah ich auch, warum sie das tun. Weil es in Deutschland Schmidt und Pocher tun. Genau dasselbe Format – bis hin zum Schreibtisch, an dem beide sitzen. Aber quatschen können auch wir! Auf allen Kanälen aller Sender, aller europäischer Sender, wird nach demselben Muster gequatscht: Nach dem Quotenquatsch zur Primetime der Late-night-Randgruppen-Quatsch. Man muss nicht hinschauen. Man muss nicht zuhören. Aber man muss das Gerät laufen lassen, damit man allein in fremden Hotelzimmern nicht so einsam ist. Sichtradio nach dem Motto: You'll never talk alone!
Die letzte Programmreform bot übrigens auch Kinderquatsch – mittlerweile wie viele andere Formate schnell wieder eingestellt: »13« – das unausgegorenste Kinderquiz der gesamten Fernsehgeschichte. Die allererste Frage der allerersten Sendung, die Christian Clerici den Kindern stellte, lautete: »Warum furzen Forellen?« (Oder waren es Heringe? Oder Wale?). Die richtige Antwort war: Um zu kommunizieren! Genau ...

Qualitätshumor

Von meinem Studium ist mir die Lehre eines Germanistikprofessors geblieben, das »Argumentum ad hominem« sei das primitivste. Und daher werde ich mich auch ganz bestimmt nicht über einen dummen August lustig machen, bloß weil er aus den Körperresten von Peter Alexander (1968) und Herbert Prohaska (1978) zusammengebaut ist und sich eine hellblau getönte Chefsekretärinnen-Großglasbrille à la Hildegard Knef aufgesetzt hat. Wer selber einen seltenen Namen zu tragen und zu schleppen hat, wird auch dann nicht andere seltene Namen durch den Kakao ziehen, selbst wenn sie wie eine Hautkrankheit klingen.
Aber ich gebe zu: Vor die Wahl gestellt, ob ich lieber freiwillig zehn Jahre mit den Zisterziensermönchen schweigen oder zehn Minuten diesem Quotenaugust zuhören möchte, würde ich sicher die zehn Jahre mit den Mönchen wählen. Zum Zisterzienser tauge ich aber ganz einfach wegen meines Killerinstinktes nicht, der sich zum Beispiel dann einstellt, wenn der andere August Gottschalk dem August Atze sagt, er sei Komödiant und außerdem witzig – und Atze selbstzufrieden bestätigt: »Qualität setzt sich eben durch.«
Qualität hätte Atze beim Qualtinger-Portrait am Tag darauf lernen können. Nur leider wurde Qualtinger dauernd von André Heller gerühmt – und dadurch komplett entwertet.

Unlängst war mir James Bond (»Die Welt ist nicht genug«) nicht genug, weil andauernd nur geflohen, verfolgt und geballert und gesprengt wurde. Eine sinnlose Explosion nach der anderen! Vor lauter Langeweile habe ich parallel zum Kugelhagel im Teletext geschmökert und folgende hinreißende, wenn auch ebenso sinnlose Meldung gefunden:
»Prinz Philipp (88) flucht über TV-Bedienungen und Anleitung. ›Um herauszufinden, wie man einen Fernseher bedient, muss man praktisch Liebe mit dem Ding machen‹, sagte der Ehemann der Queen im Sender Channel 4. Die Steuerung sei bei den Geräten nun unten. Wolle man etwas aufnehmen, liege man am Ende am Boden ›mit einer Taschenlampe zwischen den Zähnen und einer Lupe für die Anleitung‹. Oder man engagiere seine Enkel.«
Sternstunden des Teletextwesens! Völlig neuigkeitsfreie Nachrichten, auf die man nicht gewartet hat, die man aber trotzdem nicht missen möchte. Daher fordere ich Prinz Philipp (»Die Welt ist viel zu viel«) im nächsten Streifen als Gegenspieler von James Bond. Und falls das nicht möglich sein sollte, dann wenigstens eine abendfüllende Verfilmung von Prinz Philipp beim Versuch fernzusehen. Und falls auch das nicht geht, dann bitte Mister Bean für die Royal Family engagieren! Oder Prinz Philipp für Monty Python!

Fernbedienung

Meine alte Fernbedienung war kaputt, meine neue kann ich nicht programmieren. Einen Fernsehtechniker kommen zu lassen käme mir teurer, also übersiedelte ich mit Kind und Kegel in den Medienmarkt und quartierte mich vor einem Schaugerät ein. Technisch inferior wie ich bin, muss ich auf eine gute Fee warten, die mich erlöst.

Immerhin bietet mir die Patschenkinopatsche aber ein Déjà-vu-Erlebnis: Fernsehen wie früher, wie in der guten alten Zeit. Das Gerät manuell einschalten, mich auf die Couch legen, und der Sender, der gerade läuft, braucht keinerlei Konkurrenz zu fürchten – bis ich friedlich einschlafe!

Meine Kinder hingegen sind traumatisiert und fassungslos. Ein Fernsehen ohne Fernbedienung und Surfen ist für sie so unvorstellbar wie für meine Generation ein Leben ohne TV. Was hat man um 20.15 nur gemacht zwischen der Erschaffung der Welt und der Erschaffung des Fernsehens? Oma und Opa schmunzeln verschämt: »Wir haben halt noch gemenschelt!«

Alle Medien sind nur eine Übergangslösung. Jede Allgegenwart, jede Allmacht geht vorüber. Steigend auf so wie die Quoten, gehen sie wie die Quoten nieder ... Schon höre ich im Traum meinen Enkel seufzen: »Fernsehen? Fernsehen? Nie gehört! Ich werde mal im Internet nachschauen, was das sein könnte ...«

Flatterball

Von mir aus hätten die neuen Flachfernsehgeräte mit dem neuen Bildformat nicht erfunden zu werden brauchen. Das Fernsehen war schon vorher flach genug. Aber mein alter Apparat – ein Hochzeitsgeschenk – steht so lange im Wohnzimmer, wie ich verheiratet bin: 16 Jahre – immer mit derselben Frau – und nicht eine Reparatur! Nicht umzubringen! Wenn das Gerät doch einmal eingeht, fürchte ich, könnte mir das als Ehekrise ausgelegt werden.
So robuste, langlebige Fernseher sind für Wirtschaft und Industrie natürlich ein enormer Schaden. Also musste man dringend neue Bildschirme erfinden, die qualitativ minderwertiger, filigraner und alles in allem auch unkomfortabler sind. So gesehen ist die Innovation gelungen.
Von den neuen Flat-Screen-Geräten profitieren nicht nur die Elektronikkonzerne und Medienmärkte, sondern auch die Augenärzte. Sitzt man als Zuschauer ein wenig seitlich, sieht man schon nichts. Die im Bildschirm werden, sofern sie nicht zerbröseln – dramatisch in die Breite gezogen. Michael Niavarani weiß ein Lied davon zu singen. Am ärmsten freilich sind die Fußballer dran. Denn der Ball beginnt zu eiern, zu flattern, er wackelt förmlich in der Luft und wird völlig unberechenbar. Das ist der positivste Effekt der Fernsehrevolution: Die Österreicher haben eine neue Ausrede ...

Der Fernsehtechniker

Self fulfilling prophecy! Kaum hatte ich in meiner letzten Glosse über gute, alte und schlechte, neue Fernseher meditiert, gab mein guter, alter Fernseher den Geist auf (»Geist« ist vielleicht zu viel gesagt), und ich musste zum Spießrutenlaufkauf in den Elektrosupermarkt.

Zwar darf ich heute mit Stolz vermelden, dass ich der letzte Mensch auf diesem Planeten bin, dem es gelungen ist, das händeringende Kopfschütteln des Verkäufers zu ignorieren, und im zweiten Jahrzehnt des dritten Jahrtausends einen Röhrenfernseher zu erwerben. Allerdings stellt mich auch die Installation und Programmierung eines herkömmlichen Gerätes vor eine absolut unlösbare Aufgabe. (Mein Gott! Dafür kann ich Dativ und Akkusativ auseinanderhalten, und mein Wortschatz ist noch vierstellig!)

Also versprach mir der Verkäufer einen Fernsehtechniker. Es kam aber bloß ein Zusteller. Er startete den automatischen Sendersuchlauf, was dazu führte, dass Kanal 1 ORF 2, Kanal 2 hingegen ORF 1 zeigte, was den Zusteller nicht störte, aber verständlicherweise den Videorekorder verwirrte. Der Zusteller schloss den Videorekorder so an den Fernseher an, dass die Skybox nicht funktionierte und die Skybox so an den Fernseher, dass der Videorekorder nicht will. Jetzt funktioniert gar nichts mehr.

Der Zusteller sagte, er sei nun einmal kein Fachmann, und stellte eine Rechnung über 25 Euro. Ich erklärte ihm: Wenn er den Fernseher nicht korrekt installiert, sodass ich nicht fernsehen kann, kann ich auch nicht über mein Fernsehen schreiben, wodurch ich kein Geld verdiene, das ich ihm bezahle, damit er mir den Fernseher installiert. Das war dem Zusteller zu hoch, denn er war kein Fachmann. Aber so kompliziert ist das Leben.

Selbstanzeige

Liebe Leser, heute schwersten Herzens ein Geständnis: Ich habe etwas getan, was mir noch nie in meinem ganzen Leben passiert ist, was wahrscheinlich niemandem in Mitteleuropa im 21. Jahrhundert jemals passiert ist. Ich habe etwas so Unfassbares, so Ungeheuerliches getan, dass ich es kaum auszusprechen wage.
Wohl könnte ich mildernde Umstände für mein Verhalten anführen. Da wäre einmal die Jahreszeit, und dass es abends so lange hell ist. Eine Tennisstunde, ein Grillfest, und ein paar Tage war ich mit der Literatennationalmannschaft in der Schweiz. Aber das ist alles keine Entschuldigung. Ich frage mich selbst, wie ein Mensch überhaupt zu so etwas imstande ist.
Rundheraus gebeichtet, liebe Leser: Ich habe nicht ferngesehen. Ich weiß, was Sie jetzt von mir denken. Ich geniere mich so! Aber es war keine Absicht, ehrlich! Ich bin da irgendwie reingeschlittert. Erst war es bloß ein Tag, dann zwei, dann drei, und plötzlich war die ganze Woche um, und ich habe nicht eine Sekunde ferngesehen. Keinen Armin Assinger, keinen Armin Wolf, keine Ingrid Thurnher, nichts und niemanden! Wozu gibt es dann all die Techniker und Kameraleute, Sprecher, Schauspieler, Programmdirektoren, die Landesdirektoren, den Generalintendanten, wenn ich einfach blau mache? Jetzt stehe ich da, nackt und unterlegen wie der erste Mensch. Bitte, entschuldigen Sie meine Störung! Soll nicht wieder vorkommen. Ich werde mich bessern!